北大版短期培训汉语教材

原《走进中国》系列汉语教材全新修订版
刘元满 杨德峰 总策划

MEETING GHINA
Intermediate Comprehensive Chinese

中级汉语　　刘立新　王玉　编著

北京大学出版社
PEKING UNIVERSITY PRESS

图书在版编目(CIP)数据

走进中国：中级汉语/刘立新,王玉编著. —北京：北京大学出版社,2011.10
(北大版短期培训汉语教材)
ISBN 978-7-301-19511-6

Ⅰ.走… Ⅱ.①刘…②王… Ⅲ.汉语—对外汉语教学—教材 Ⅳ.H195.4

中国版本图书馆 CIP 数据核字(2011)第 189576 号

书　　　名：	走进中国：中级汉语
著作责任者：	刘立新　王　玉　编著
责 任 编 辑：	沈　岚
标 准 书 号：	ISBN 978-7-301-19511-6
出 版 发 行：	北京大学出版社
地　　　址：	北京市海淀区成府路 205 号　100871
网　　　址：	http://www.pup.cn
电 子 邮 箱：	zpup@pup.cn
电　　　话：	邮购部 010-62752015　发行部 010-62750672　出版部 010-62754962
	编辑部 010-62767349
印 刷 者：	北京虎彩文化传播有限公司
经 销 者：	新华书店
	787 毫米×1092 毫米　16 开本　10.25 印张　250 千字
	2011 年 10 月第 1 版　2024 年 7 月第 3 次印刷
定　　　价：	36.00 元

未经许可,不得以任何方式复制或抄袭本书之部分或全部内容。
版权所有,侵权必究
举报电话：010-62752024　电子邮箱：fd@pup.cn

前　　言

随着中国社会经济的深入发展，到中国学习汉语的学生人数日益增多，其中既有学习半年以上的长期学习者，也有学习四周、六周、八周不等的短期学习者，而后者人数在近年迅猛增长，大有与前者平分秋色之势。

目前供短期汉语学习者使用的教材虽然出版了不少，但总的来看，在数量、品种和质量上都不能适应教学需要，主要问题是分技能教材之间缺乏必要的内在联系，常常是两套马车，各走各的，以致影响教学效率；另外教材容量和层级划分不能满足当前短期汉语教学课型安排、授课时数、学生现有水平与学习需求等方面灵活多样的特点。有鉴于此，我们编写了这套全新的《走进中国》系列教材。

一、编写背景

这套教材在 1997 年版《走进中国》（初级本、中级本、高级本）系列教材基础上全新编写而成。

原版《走进中国》系列教材为综合技能教材。由于内容和形式适应时代需求，面世后广受欢迎，并很快形成品牌，至今仍被广泛使用。但语言教材毕竟时代性强，需适时更新，以新的理念和研究成果充实教材内容，并体现时代风貌。

2008 年 3 月北京大学出版社与原版《走进中国》的作者就汉语短期班，特别是假期班的教学举行专题研讨，就新的教学需求和教材编写理念进行了磋商。新版《走进中国》的编写工作自此拉开序幕。除原版教材的部分作者外，新加入的编写人员也都来自北京大学对外汉语教学第一线。我们的目的是与时俱进，拓宽视野，在保持原版教材基本特色的基础上，打破原有框架，在新的教学理念指导下编写一套能够适应当前短期班特点的新教材。

二、内容与教学建议

本套教材共 8 册，分为综合课本和口语课本两个系列，每个系列中包括基础、初级、中级和高级四个层次，同一层次的综合课本和口语课本在词汇、语法、话题等方面互为补充。

每册教学时间约为 40—60 学时，可用于 4—6 周全日制短期班，也可用于非全日制但学时较长的学生。基于短期班学生学习时间集中，课外活动较多，预习复习时间不充裕等特点，我们进行了如下设计：

1. 课文：每册 12 课，每课建议授课 4 学时，一般为两次完成一课。综合系列基础和初级阶段课文为对话和语段，中高级阶段为语段。口语系列中级以下以情景为主线，功能融入其中，高级则场景与话题相结合。

2. 生词：综合系列基础级每课生词量平均为 15 个，高级为 30 个；口语系列相应减少 5 个左右。各册总词汇量逐级增加，从约 300 个到约 700 个。横向系列的生词重叠不超过 1/3。选词依据主要为汉语水平词汇大纲，也适当参考了近年统计的高频词和短期学生的生活实际。课后的补充词语未计入其中，教师可根据实际情况灵活要求。

3. 语言点：综合系列语言点从 1—2 到 4—5 个；口语采用句式练习的方式呈现，每课控制在 5 个以内。全部语言点均配英文翻译。

4. 练习：生词、课文、语言点后配专项练习，最后是针对全课的综合练习。教师可指导学生通过专项练习掌握要点，通过综合练习巩固提高。练习形式多为任务型，突出交际性，数量略多于上课实际需要，教师可适当取舍。

三、主要特色

1. 系统性

综合教材与口语教材相辅相成，既自成系列，又相互配合。层级细分，可满足不同的教学需要，便于分班授课。相邻的两本教材无论是在生词数量上还是在课文长度上，都努力做到自然衔接，尽量不出现台阶，以方便学习者连续学习。

2. 针对性

话题的确定建立在问卷调查的基础上，所选话题都是学生急需的、感兴趣的。课文以对话为主，注重词语和语法的学习，体现短期学习的特殊需求。

3. 实用性

话题、词语、语法点都是最常见的，学习以后可以直接用于日常生活交际。生词、语法不求深入系统，务求简明实用。

4. 实践性

所选话题源于生活，所设情景贴近生活。课文编排以对话为主，突出实践性，尽量与现实生活接轨，以便学习者学以致用。

5. 趣味性

对话的编写、阅读语料的选取，除考虑生活性、知识性、广泛性、可读性外，也重视趣味性，对话尽量生动活泼，语料尽可能丰富多彩，以便激发学习者的兴趣。练习除强调交际性以外，还有一些趣味性和游戏性的内容，尽量做到实用有趣。

教材总体策划为刘元满、杨德峰。他们设计编写方案，制定编写体例，并协调各册编者密切配合。综合系列由杨德峰统稿，口语系列由刘元满统稿。

本套教材获北京大学主干基础课教材立项。刘元满负责进行申报教材立项工作，并拟定教师和学生使用情况调查问卷。在编写过程中，整个团队在愉悦、高效的气氛中互相协作，比较充分地实现了最初的设计。此外，王玉在多个项目中组织问卷调查，王文龙整理会议记录，统计问卷结果。在教材试用过程中，他们联系打印社，保证了教学的正常使用。他们所做的工作琐碎繁杂而至关重要。

在教材设计、编写及出版过程中，北京大学出版社沈浦娜主任和宋立文、孙娴、沈岚、贾鸿杰等编辑多次参与研讨，提出不少宝贵意见，本册英文翻译由王燕、赵蒨欣承担，英文审订为黄红宇（美国西点军校），在此一并致谢。

本套教材 2009 年 6 月起在北京大学春季班和暑期班试用多次，根据师生反馈调整修改之后又在春季班和暑期班试用了两轮。经过反复打磨，现在终于付梓了。希望本套教材的出版为教师在教学时提供一个选择的机会。教材编写是一个系统工程，尽管我们倾注了大量的心血，但仍有遗憾和惋惜，不尽如人意之处还希望使用者多提宝贵意见，以便将来修订、完善，使之更趋成熟。

编 者

Preface

As China's economic development continues to progress on such an impressive scale, the number of students who have developed an interest in studying the Chinese language has also gradually increased. These students include those who remain for six months or longer to partake in the long-term Chinese language programs, as well as short-term students who attend the courses for four, six, or even eight weeks. In recent years we have witnessed a rapid increase for those in the latter category.

At present, teaching materials for those enrolled in the short-term Chinese language program remain abundant. However, the number, variety and quality of these materials are not sufficient in maximizing the learning potential of the students. Of greatest concern is the lack of consistency between the materials used to teach various language skills; oftentimes, there is a vast difference between what various teachers define as the most effective means of education. This has greatly impacted the degree of efficiency when teaching. Furthermore, the amount of content within the materials and the level of difficulty of the short-term Chinese language program have not adequately accommodated for factors prone to variation, such as the in-class arrangements, teaching hours, current level of the students and their learning needs. In view of this, we have compiled a brand new collection of teaching materials, the "Meeting China" series.

I. Background to the Creation of "Meeting China"

In 1997, the foundations for the materials of the "Meeting China" series (catering for elementary, intermediate and advanced levels) were compiled and established.

This original "Meeting China" series aimed to teach comprehensive language skills. As a result of the demands of the time, the series gained such immense popularity it became renowned in the world of education, and is still widely used today. However, the nature of language education is one that forever progresses; there is a constant need to update materials and enrich course content according to new ideas and research results, as well as the defining characteristics of the time.

In March 2008, Peking University Press and the author of the original "Meeting China" held a symposium regarding the short-term Chinese language program courses, with a particular focus on the holiday courses. Consultations about the new teaching requirements and ideas for teaching materials were also made. These meetings were to serve as the prelude to preparing the new edition of "Meeting China". Aside from the author of the preserved portion of the original materials, those who wrote the new materials are at the forefront of the School of Chinese as a Second Language at Peking University. Our aim is to advance with the times and broaden our horizons, while simultaneously preserving the remarkable foundations as established by the original teaching materials. In this way, we will transcend the original framework, following a new teaching philosophy to successfully compile a revolutionary set of teaching materials that adapt to the uniqueness of the current short-term language classes.

II. Content and Suggestions for Teaching

This set of teaching materials is comprised of a total of 8 volumes divided into two series of Comprehensive Chinese and Spoken Chinese books. Every series includes basic, elementary, intermediate and advanced levels; identical levels of comprehensive Chinese and spoken Chinese have complementary content in terms of vocabulary, grammar, topics etc.

Every book requires approximately 40-60 in-class teaching hours; this is suitable for teaching those in the full-time short-term courses, as well as those in courses of longer duration. Based on such factors as the number of learning hours required by the short-term language course students, the greater number of hours dedicated to extra-curricular activities, and insufficient time allocated to previewing and reviewing class material, we recommend the following lesson plan:

1. Texts: Every book contains 12 lessons; we suggest that each lesson is taught within 4 class hours so that one lesson is completed every two classes. The basic and elementary stages of the Comprehensive Chinese series focus on dialogue and discourse, while the intermediate and advanced stages simply focus on discourse. Intermediate stages and below in the Spoken Chinese series include the importance of context and functional integration; the texts of advanced stages also include a combination of topics and situations.

2. Vocabulary: Basic level books of the Comprehensive Chinese series contain an equal number of 15 new vocabulary items in each lesson, while advanced level books contain 30 in each lesson. Books of the corresponding levels in the Spoken Chinese series have approximately 5 less new vocabulary items. Generally speaking, every book will see the students increasing their vocabulary by approximately 300 to 700 words. The number of overlapping vocabulary items between each successive level does not exceed one third. The vocabulary items were chosen based mainly on the Outline of Chinese Vocabulary and Chinese Characters Level; this selection was also based on recent statistics which revealed the words most frequently used by short-term language program students in their daily lives. If there are new items that are not explained in the text, the teacher is free to adapt to the demands of the situation and supplement the lesson.

3. Grammar points: The Comprehensive Chinese series contain 1-2 to 4-5 grammar points each lesson. Those in the Spoken Chinese series are presented via practising sentence formation, where every lesson includes at most 5 points. All grammar points are accompanied by an English translation.

4. Practice: The new vocabulary items, texts, grammar points of each lesson are followed by suitable exercises and concluded with comprehensive practice exercises that reinforce the content that was taught. Through these practice exercises, teachers can highlight which aspects to master; comprehensive practice exercises will further consolidate the increased proficiency of the students. Forms of practice are mainly task-based, highlighting the importance of communication in situations beyond the classroom context. The appropriateness of these activities may be determined by the teacher.

III. The Main Features

1. Systematic

Comprehensive Chinese and Spoken Chinese books are complementary. Not only can each be taught in a series, but also collaboratively. Levels and subdivisions satisfy the needs of different teaching styles and make separating classes easier. In regards to the teaching materials, whether it is the amount of new vocabulary words or the length of the texts, it is possible to achieve a natural integration into daily life, ensuring students do not try to avoid studying and facilitating continuous learning.

2. Targeted

Topics will be determined by the results of a questionnaire, selected based on the students' needs and interests. Text and dialogue are top priority. They focus on vocabulary and grammar, reflecting the special demands of short-term learning.

3. Functionality

Topics, vocabulary words, and grammar points are most commonly discussed in class and can be used for everyday communication. It is important to know the clear and concise function of the vocabulary words and grammar patterns rather than have a deep and thorough categorization.

4. Put into practice

Selected topics and situations come from real life scenarios. The text layout is based on dialogues that highlight the practicality of the text and integrate with real life, so students apply what they have learned.

5. Interesting

In addition to the dialogues written in the teaching materials, the selection of written materials, and the considerations of life, knowledge, breadth, and readability, we have made an effort to incorporate fun and lively conversations into the learning materials, making the texts as rich and varied as possible, in order to stimulate the students' interest. In addition to emphasizing communicative practice, there are a number of interesting games, so learning the materials will be as interesting as possible.

    Liu Yuanman and Yang Defeng made the overall design for the teaching materials. They write programs designed to develop new writing styles and formats and coordinate closely with the compilers. Yang Defeng drafted the comprehensive series while Liu Yuanman drafted the spoken series.

    Our textbooks have been a part of Peking University's arsenal for generalized subject courses. Liu Yuanman is responsible for setting up the project regarding the teaching materials, and for formulating the condition of service questionnaire for teachers and students. During the preparation process, the entire team worked in a pleasant and efficient atmosphere, collaborating with each other to achieve their original design. In addition, Wang Yu organized several survey projects while Wang Wenlong organized notes from their meetings, calculated the results of the questionnaires. During the textbooks' trial process, they contacted the printing company to ensure normal usage of the teaching materials. Their work is tedious, complex, and essential to the production of this textbook.

    In addition, I would like to thank the director of Peking University Press Shen Puna, and Song Liwen, Sun Xian, Shen Lan, Jia Hongjie, and other editors who, during the designing, writing and publishing process, participated in discussions, and made many valuable suggestions. I would also like to thank Wang Yan and Zhao Qianxin, who translated this volumn. My sincere thanks is extended to Huang Hongyu (The United States Military Academy at West Point), who revised the English translation.

    From June 2009, Peking University used this set of materials on a trial basis during the spring, summer quarters several times. After adjusting and modifying the material according to professors' and students' feedback, this set of materials was used twice more during the summer and spring quarters. After a year of polishing the material, it is finally ready for publication. We hope that the publication of this set of materials will provide the educators a choice in teaching materials. Writing textbooks is a systematic process. Even though we put in a lot of hard work, we still have regrets. We gladly welcome suggestions from anyone using the series, so we may make improvements and perfect the materials.

Compilers

略 语 表
Abbreviations

名	名词	míngcí	noun
代	代词	dàicí	pronoun
动	动词	dòngcí	verb
助动	助动词	zhùdòngcí	auxiliary word
形	形容词	xíngróngcí	adjective
数	数词	shùcí	numeral
量	量词	liàngcí	measure word
副	副词	fùcí	adverb
介	介词	jiècí	preposition
连	连词	liáncí	conjunction
助	助词	zhùcí	particle
叹	叹词	tàncí	interjection
拟声	拟声词	nǐshēngcí	onomatopoeia
头	词头	cítóu	prefix
尾	词尾	cíwěi	suffix

目 录
CONTENTS

第 一 课　　日志一篇 ………………………………………………… 1
Dì-yī　kè　　Rìzhì yī piān

第 二 课　　回答 …………………………………………………… 13
Dì-èr　kè　　Huídá

第 三 课　　堵车的"快乐" ……………………………………… 24
Dì-sān kè　　Dǔchē de "kuàilè"

第 四 课　　俗语 …………………………………………………… 35
Dì-sì　kè　　Súyǔ

第 五 课　　宠物店的告示 ………………………………………… 46
Dì-wǔ kè　　Chǒngwùdiàn de gàoshi

第 六 课　　天下第一行书 ………………………………………… 56
Dì-liù kè　　Tiānxià dì-yī xíngshū

第 七 课　　一封电子邮件 ………………………………………… 67
Dì-qī　kè　　Yī fēng diànzǐ yóujiàn

第 八 课　　约会 …………………………………………………… 79
Dì-bā kè　　Yuēhuì

第 九 课　　启事、通知与广告 …………………………………… 90
Dì-jiǔ kè　　Qǐshì, tōngzhī yǔ guǎnggào

第 十 课　　看标牌学汉语 ………………………………………… 102
Dì-shí kè　　Kàn biāopái xué Hànyǔ

第 十一 课　永远的茉莉花 …………………………………… 116
Dì-shíyī　kè　Yǒngyuǎn de mòlìhuā

第 十二 课　颐和园 ………………………………………… 128
Dì-shí'èr kè　Yíhéyuán

词语总表 Vocabulary …………………………………… 142

第一课　日志一篇
Dì-yī kè　Rìzhì yī piān

Warming-up Exercises 课前热身

请在你同意的项目下面画√，或者在"其他"下边写出你认为合适的内容：

1. 写日志有什么好处？

记有意思的事	是很好的写作练习	其他

2. 如果你要去一个新地方生活或学习，你会很担心吗？如果是，可能最担心什么？

天气	交通	饮食	其他

3. 说到北京，你最先想到的是什么？

长城	天安门	烤鸭	其他

词语 Words & Phrases

1. 日志	rìzhì	名	diary
			一篇日志/写日志
2. 印象	yìnxiàng	名	impression
			第一印象/印象很好/印象很深/A对B有印象
3. 热闹	rènao	形	lively; bustling with noise and excitement
			节日的时候,街上非常热闹。
4. 想象	xiǎngxiàng	动、名	imagine; imagination
			看到的比想象的好。
5. 差不多	chàbuduō	形、副	similar; almost
			这两种颜色差不多。/他们俩差不多大。/这些水果差不多有10斤。
6. 不过※	búguò	连	but; however
7. 干燥	gānzào	形	dry
			(空气)干燥⟷湿润(shīrùn, humid)/[皮肤(pífū, skin)]干燥⟷滋润(zīrùn, moist)
8. 校园	xiàoyuán	名	campus
			校园里有一个湖(hú, lake)。
9. 地图	dìtú	名	map
			一张地图/一幅地图/世界地图

10. 迷路	mí lù		lose one's way; get lost
			我迷路了。
11. 却※	què	副	but; yet; however
12. 熟悉	shúxī	动、形	know sth.or sb.well; be familiar with
			熟悉sb./ sth.//对sb./ sth.很熟悉
			熟悉←→陌生 (mòshēng, unfamiliar)
13. 成为	chéngwéi	动	become; turn into
			三年前他还是学生,现在已经成为老师了。
14. 方便面	fāngbiànmiàn	名	instant noodle
			一包方便面/泡 (pào, to soak) 方便面/煮 (zhǔ, to boil) 方便面
15. 餐厅	cāntīng	名	dining-hall; canteen
			一家餐厅/西餐厅
16. 饭馆	fànguǎn(r)	名	restaurant
			一家饭馆/四川饭馆
17. 时差	shíchā	名	time difference; jet lag
			有时差/倒 (dǎo, shift) 时差/中国和英国的时差是8个小时。
18. 白天	báitiān	名	daylight hours; daytime
			白天←→晚上
19. 困	kùn	形	sleepy
			我昨晚只睡了三个小时,现在很困。

20. 上网	shàng wǎng		be on the internet
			年轻人都喜欢上网。
21. 聊天儿	liáo tiānr		chat
			A和(跟)B聊天儿/聊一会儿天
22. 担心	dān xīn		worry; feel anxious
			很担心/别担心/对sb.很担心/A很担心B/妈妈担心孩子生病。
23. 放心	fàng xīn		set one's mind at rest
			对sb.(不)放心
24. 比如※	bǐrú		for example; for instance
25. 名胜	míngshèng	名	scenic spots
			山水名胜
26. 古迹	gǔjì	名	historical sites
			中国有很多名胜古迹。

词语练习 Word Exercises

回答问题：

1. 这里给你的第一印象怎么样？
2. 你觉得哪里最热闹？
3. 来中国前，你想象的北京是怎样的？
4. 如果到一个新的城市，你会买一张那里的地图吗？
5. 你喜欢吃方便面吗？为什么？
6. 你喜欢上网吗？你喜欢网上聊天儿吗？为什么？
7. 你去过哪些名胜古迹？你最想参观的名胜古迹是什么？

课 文

阅读课文，回答问题：

7月6日　雨　20℃—29℃

今天是到北京的第二天，我的心情不错。

北京给我的第一印象是：人多，车多，很热闹，和想象的差不多，不过天气和我想象的不太一样。我以为这里的天气很热，很干燥，可是从昨天到现在，这里一直在下雨，我还没有见过北京的太阳。

校园很大，去哪里都得先看地图。我今天又迷路了，从宿舍到教室，只需要走5分钟，我却用了20分钟。

今天是第一天上课，我认识了两位新老

1. "我"是几月几号到北京的？
2. 北京给"我"的第一印象怎么样？

3. "我"的宿舍离教室有多远？

师，14位新同学。大家刚认识，还不熟悉，不过我相信，我们很快就会成为好朋友。

吃饭还是一个问题，我已经吃了两天方便面了。听老师说，校园里有很多餐厅，学校附近也有几家不错的饭馆，我应该去试试吃真正的中国饭，老吃方便面真不是好办法。

因为时差的问题，我白天想睡觉，晚上睡不着。现在已经12点半了，我还是一点儿也不觉得困。刚才上网和妹妹聊天儿，她说，她和妈妈都很担心我，怕我不习惯这里的生活。我告诉她我很好，让她们放心。我还告诉她，在这一个月里，除了上课以外，我们还会有很多有意思的活动，比如看演出、参观名胜古迹等等。这里的生活一定会很丰富。

4. "我"认识了谁？

5. "我"常常吃什么？

6. "我"有什么新打算？

7. 为什么12点半"我"还不困？

8. 妈妈和妹妹担心什么？

9. 为什么说"这里的生活一定会很丰富"？

语言点　Language Points

一、人多，车多，很热闹，和想象的差不多，不过天气和我想象的不太一样。

■ "不过"，连词，用在后半句的开头，表示委婉的转折，有时有补充或修正上文的意思。多用于口语。
The conjunction "不过" is often used at the beginning of the latter clause in a complex sentence to introduce a statement that mildly disagrees with something just said. Sometimes it introduces further information that supplements or corrects the preceding statement. It is mostly used in spoken Chinese.

(1) 我没吃早饭，不过我一点儿也不饿。

(2) 大家刚认识，还不熟悉，不过我相信，我们很快就会成为好朋友。

◆ 1. 用"不过"将下边的AB句连接成一句话：

A		B
大家都很忙	不过	不能天天吃
方便面很好吃		我更担心她的身体
妈妈很担心我的身体		太早了，我起不来
每天早上都有人教太极拳 (tàijíquán, taijiquan, shadow boxing)		我不忙
		我不太喜欢
年轻人都喜欢上网		

 你自己的句子：_____

【辨析】作为连词的"不过" VS "可是"、"但是"

- "不过"与"但是"、"可是"都是表示转折语气的连词，用法基本相同，"可是"、"不过"多用于口语，"但是"既用于口语，也用于书面语。

- "不过"带有委婉语气，转折作用比"可是"、"但是"轻；"可是"和"但是"强调的是转折，而"不过"后边的部分一般是对上半句话加以修正或补充。

【Synonym Discrimination】The conjunction "不过" vs. "可是", "但是"

- "不过" and "可是", "但是" are similar in function, as they all introduce a clause that contradicts the previous one. "可是" and "不过" are mostly used in spoken language, while "但是" is used in both spoken and written language.

- "不过" is a "softer but" than "可是" and "但是". "可是" and "但是" emphasize contrast or contradiction, while "不过" introduces a clause that generally adds corrective or supplementary information to the previous one.

◆ 2. 下边的括号内都可以用"不过"、"可是"、"但是",但含义有些不同,请体会一下:

(1) 她很爱我,(　　)我不爱她。

(2) 我已经买到了电影票,(　　)座位不太好。

(3) 这件衣服式样不错,(　　)价格太贵了。

(4) 我可以把自行车借给你,(　　)只能借给你一个星期,因为我下周也要用。

二、从宿舍到教室,只需要走5分钟,我却用了20分钟。

> "却",副词,加强转折语气。注意:"却"只能放在主语后边,不能放在主语前边,如,不能说"我来了,却他走了"。
>
> The adverb "却" is used at the latter clause in a complex sentence as a cohesive device to emphasize a contrastive situation.
>
> Note: "却" is always placed behind a subject and should never be put before it. For example, one cannot say: "我来了,却他走了."

(1) 他住得离学校最远,却到得最早。

(2) 大家都在等她,她却一点儿也不着急。

◆ 用"却"完成下边的句子:

(1) 他的汉语很好,_____。

(2) 他来中国时间不长,_____。

(3) 他非常爱她,_____。

(4) 这里白天很热,_____。

 你自己的句子:_____

三、我已经吃了两天方便面了。

■ 在这个句子中，加点的部分是动词"吃"的时量补语。这样的时量补语用在动词或形容词后边，如果句末没有"了"，表示状态持续或经历的时间。如果结尾有"了"，则表示状态仍在持续，可能并未结束。

In this sentence, the part with underdots functions as the time-measure complement of the verb "吃". This type of "time-measure complement" is placed behind a verb or adjective. Without the sentence-final "了", this sentence indicates that an action or state had been continuing for some time; with "了" at the end, the sentence signifies that the state still goes on in the present and is expected to last into the future.

(1) 雨下了两天两夜，终于停了。
(2) 他坐了40个小时的火车才到了西藏 (Xīzàng, Tibet)。
(3) 我已经学了两年汉语了。

◆ 用提示词语将下边的句子补充完整：
(1) 来中国以前，＿＿＿＿＿＿＿＿＿＿＿＿＿＿＿＿（学）
(2) 我在这里已经＿＿＿＿＿＿＿＿＿＿＿＿＿＿＿（住）
(3) ＿＿＿＿＿＿＿＿＿＿＿＿＿＿＿（哭），孩子还没安静下来。
(4) ＿＿＿＿＿＿＿＿＿＿＿＿＿＿＿（打球），我觉得很舒服。

你自己的句子：＿＿＿＿＿＿＿＿＿＿＿＿＿＿＿

四、我们还会有很多有意思的活动，比如看演出、参观名胜古迹等等。

■ "比如"用于举例。可以放在一个句子后，作为后续句的开头，后边是所列举的对象（如例1、例2）；也可以放在句子中间，类似插入语（例3）。

"比如"（for instance）is used to clarify the preceding statement by example. It can be placed after a sentence to introduce specific example（see examples 1 and 2）. It can also be used within a sentence, functioning as a parenthesis（see example 3）.

(1) 我吃过很多中国菜，比如烤鸭、火锅、羊肉串等。
(2) 学汉语的方法有很多，比如上课、跟中国人聊天、看电视等等。
(3) 很多人都喜欢上网，比如小王，一天不上网就难受。

◆ 和你的同伴用"比如"进行对话：
(1) 你最喜欢吃什么菜？
_____（比如）
(2) 你喜欢哪些名胜古迹？
_____（比如）
(3) 如果给你一年的自由（zìyóu, free）时间，你最想做什么？
_____（比如）

你自己的对话：
甲：_____
乙：_____

综合练习　Comprehensive Exercises

一、选词填空

印象　餐厅　校园　日志　地图　白天　时差　名胜古迹　方便面

1. 我有写（　　　）的习惯。
2. 他给我的（　　　）是很爱笑、很热情。
3. （　　　）里很安静，校门外却很热闹。

4. 教室的墙上贴着一张世界（　　　　）。
5. 中午没有时间做饭，我只好吃了一包（　　　　）。
6. 这个（　　　　）里的人太多了，我们换一家吧。
7. 我每次来中国都有（　　　　）的问题，（　　　　）想睡觉，晚上睡不着。
8. 西安有很多（　　　　）。

热闹　想象　干燥　上网　成为　熟悉
担心　困　需要　聊天儿　放心

1. 一到周末，这条街就很（　　　　）。
2. 空气太（　　　　）了，要是下场雨就好了。
3. 已经12点半了，我还不觉得（　　　　）。
4. 她比我（　　　　）的更漂亮。
5. 我刚到，还不（　　　　）这里的情况。
6. 我希望（　　　　）你们的好朋友。
7. 他喜欢（　　　　），天天坐在电脑旁。
8. 跟中国人（　　　　）可以帮助我提高汉语水平。
9. 别（　　　　），你的小狗一定会回来的。
10. 女儿要一个人去旅行，我怎么能（　　　　）？
11. 从这里到车站，打的去的话只（　　　　）10分钟。

二、组句成段（将序号写在前边的方格内）

1. □ 我还没有见过北京的太阳
   □ 可是从昨天到现在，这里一直在下雨
   □ 北京给我的第一印象是
   □ 不过天气和我想象的不太一样
   □ 人多，车多，很热闹，和想象的一样
   □ 我以为这里的天气很热、很干燥

2. ☐ 老吃方便面真不是好办法
   ☐ 学校附近也有几家不错的饭馆
   ☐ 吃饭还是一个问题
   ☐ 我应该去试试吃真正的中国饭
   ☐ 我已经吃了两天方便面了
   ☐ 听老师说，校园里有很多餐厅

三、写作（选作）：我对这里的第一印象

找出本课中对你最有用的5个句子，并抄写在下面

1. _____
2. _____
3. _____
4. _____
5. _____

第二课　回答
Dì-èr kè　Huídá

Warming-up Exercises　课前热身

1. 下边有三个人的中文译名，猜一猜，他们是谁？
   （1）歌德　（2）阿姆斯特朗　（3）丘吉尔

2. 你对这三个人了解多少？请简单说说。

Words & Phrases　词语

1. 遇见	yùjiàn	动	meet; run into
			遇见sb./遇见一件奇怪的事/我在街上遇见了我的小学同学。
2. 批评	pīpíng	动、名	criticize; criticism
			批评sb./受到（sb.的）批评
3. 诗歌	shīgē	名	poems; poetry
			古代诗歌
4. 从来※	cónglái	副	always; at all times; all along
5. 傻瓜	shǎguā	名	fool; idiot

6. 让路	ràng lù	动	make way (for sb. or sth.)	
			给sb.（sth.）让路	
7. 微笑	wēixiào	动、名	smile	
			她的微笑很美。/他微笑着和客人说话。	
8. 相反	xiāngfǎn	形	opposite; on the contrary	
			A和B相反/相反的方向/相反的看法	
9. 演讲	yǎnjiǎng	动、名	give a lecture; make a speech	
			进行演讲/听演讲/演讲比赛	
10. 递	dì	动	to hand over; pass	
			他递给我一支笔。/麻烦你把那本书递给我。	
11. 笨蛋	bèndàn	名	fool; blockhead	
12. 可惜	kěxī	形	what a pity; unfortunately; It's a pity!	
			很可惜/对sth.感到可惜/可惜+小句：今天是周末，可惜我得准备考试。	
13. 迈	mài	动	to step; stride	
			往前迈一步	
14. 人类	rénlèi	名	mankind; humanity	
15. 闻名	wénmíng	动	known to all	
			全国闻名/闻名中外	
16. 登	dēng	动	to ascend; to mount; to land	
			登山/登上月球	

17. 庆祝	qìngzhù	动	celebrate
			庆祝国庆/庆祝公司开业一周年
18. 成功	chénggōng	形、动	succeed; successful; success
			祝你成功！/成功⟷失败(shībài, fail; failure)
19. 记者	jìzhě	名	journalist; correspondent
			一名记者
20. 招待会	zhāodàihuì	名	reception
			欢迎招待会/举行记者招待会
21. 作为※	zuòwéi	介	as
22. 同行者	tóngxíngzhě	名	people traveling together
23. 遗憾	yíhàn	形、名	regret; pity
			很遗憾/对…感到遗憾
24. 千万※	qiānwàn	副	(of an admonition) must; make sure to
25. 地球	dìqiú	名	earth
			月球离地球有多远？
26. 太空舱	tàikōng cāng		space capsule
27. 星球	xīngqiú	名	celestial body (e.g. planet, satellite, etc.)
			星球大战

专有名词

1. 歌德	Gēdé	Goethe
2. 丘吉尔	Qiūjí'ěr	Winston Churchill

3. 阿姆斯特朗　　　　Āmǔsītèlǎng　　　　Neil Armstrong
4. 奥尔德林　　　　　Ào'ěrdélín　　　　　Aldrin

词语练习 Word Exercises

回答问题：

1. 你<u>遇见</u>过奇怪的人和事吗？
2. 你学过中国的古代<u>诗歌</u>吗？知道哪些诗人的名字？
3. 知道了"<u>让路</u>"的意思，可以猜一猜"让座"是什么意思吗？
4. 如果让你在很多人面前<u>演讲</u>，你会不会紧张？
5. 你认为<u>人类</u>可以不可以到别的<u>星球</u>上生活？
6. 你们国家的什么（人或物）是世界<u>闻名</u>的？
7. 你觉得<u>记者</u>这个职业怎么样？
8. 你有过什么<u>遗憾</u>吗？

课文 Text

阅读课文，回答问题：

（一）

　　一天，歌德在公园的小路上散步的时候，遇见了一个经常批评他诗歌的人。那人站在小路中间大声说："我从来没有给傻瓜让路的习惯！"

　　歌德马上站到旁边，微笑着说："先

1. 歌德遇见了什么人？

2. 歌德的回答是什么意思？

生,我和您正好相反。"

(二)

有一次,丘吉尔正在演讲时,从台下递上来一张纸条,上面只写着两个字:"笨蛋!"丘吉尔看了一下,笑了,他对大家

3. 丘吉尔在什么时候收到了一张纸条?

说:"刚才我收到了一封信,不过可惜是,写信人只写了自己的名字,却忘了写内容。"

(三)

阿姆斯特朗是登上月球的第一人,他的那句"我个人迈出了一小步,人类却迈出了一大步"更是闻名世界。但是,和阿姆斯特朗一起登月的,还有一位叫奥尔德林的人,很多人却对他不太熟悉。

在庆祝登月成功的记者招待会上,一位记者突然问奥尔德林:"阿姆斯特朗成为登上月球的第一人,作为同行者,你不觉得遗憾吗?"

大家一下子安静下来,不知道奥尔德林会怎样回答。奥尔德林微笑着说:"千万别忘记了,回到地球时,我是最先迈出太空舱的,所以,我是从别的星球来到地球的第一人。"

4. 写纸条的可能是什么人?

5. 阿姆斯特朗的名言是什么?意思是什么?

6. 为什么开记者招待会?

7. 大家为什么安静下来?

8. 奥尔德林是怎么回答记者的问题的?

Dì-èr kè Huídá　　第 二 课　回　答

Language Points
语 言 点

一、"……的时候"与"……时"

1. 歌德在公园的小路上散步的时候，遇见了一个经常批评他诗歌的人。
2. 有一次，丘吉尔正在演讲时，从台下递上来一张纸条。
3. 回到地球时，我是最先迈出太空舱的。

"……时"可以说是"……的时候"的简略形式。与前边的名词、动词或动词短语一起，表示一个时间点或者时间段。（注意："××时"、"××的时候"不可以写成"××的时"或"××时候"，学汉语的人常常弄错。）

"……时" is the shortened form of "……的时候". With the preceding noun, verb or verb phrase, it indicates a point of time or a period of time. (Note: Chinese-as-second-language learners often confuse the two forms, mistakenly writing "……时" or "……的时候" as "……的时" or "……时候".)

(1) 考试的时候我总是很紧张。
(2) 到机场时别忘了给我发个短信。
(3) 40岁时他才结婚。

◆ 根据提示，用"……的时候"或"……时"完成句子：
(1) 起床
(2) 上课
(3) 旅行
(4) 生病
(5) 想家

(6) 刚到中国

你自己的句子：_____

二、我从来没有给傻瓜让路的习惯！

■ "从来"，副词，表示"从过去到现在"，多用于否定式。
The adverb "从来" indicates "from the past to the present" or "at all times", and is mostly used in negative sentences.

(1) 我从来不喜欢写诗。
(2) 他从来没出过国。

◆ 用"从来"改写下边的句子：
(1) 从出生到上大学，她没有离开过父母。→
(2) 她一直不告诉别人她的年龄。→
(3) 我没有听说过这样的事。→
(4) 他总是喜欢一个人去旅行。→

你自己的句子：_____

三、阿姆斯特朗成为登上月球的第一人，作为同行者，你不觉得遗憾吗？

■ "作为"的含义是"就人的某种身份或事物的某种性质来说"，后边必须有名词宾语。没有否定式。
The preposition "作为" (as...) indicates the identity of someone or nature of something, and must be followed by a noun object. There is no negative form.

(1) 他遇到了这么大的困难，作为朋友，我不能不帮他。

(2) 作为一个成年人，应该明白什么是可以做的，什么是不可以做的。

◆ 完成句子：
(1) 作为朋友，_____。
(2) 作为学生，_____。
(3) 北京作为中国的首都，_____。
(4) 作为家里最小的孩子，_____。

你自己的句子：_____

四、千万别忘记了，回到地球时，我是最先迈出太空舱的。

■ "千万"，副词，意思是"务必、一定要"，有恳切叮咛的语气。多用于否定句，常跟"别、不可、不能、不要"连用；用于肯定句时，常跟"要"连用。
The adverb "千万" indicates "务必、一定要" ("be sure to [do so]") and carries a strong admonishing tone. It is often used in negative sentences, in conjunction with "别、不可、不能、不要". When used in positive sentences, it is often used in conjunction with "要".

(1) 千万别让妈妈知道，她会担心的。
(2) 过马路时千万要小心！

◆ 用"千万"完成句子：
(1) 感冒的时候_____。
(2) 如果你不会游泳，_____。
(3) 吃水果以前，_____。
(4) 开车的时候，_____。

(5) 出国旅行的时候，_____。

你自己的句子：_____

综合练习 Comprehensive Exercises

一、选词填空

登　递　遇见　微笑　相反　演讲　遗憾　批评　可惜　庆祝

1. 我昨天在超市门口（　　）了我的小学同学。
2. 他只喜欢（　　）别人，可是一听到别人的批评就生气。
3. 空中小姐（　　）着向我们问好。
4. 奇怪！我了解到的情况和他说的正好（　　）。
5. 今天有张教授的（　　），题目是"中美文化比较"。
6. 我正感到口渴的时候，她（　　）给我一瓶水。
7. 听说那个电影很好看，（　　）我没买到票。
8. 他是一个（　　）山爱好者。
9. 为（　　）建国60周年，天安门广场摆满了鲜花。
10. 很（　　），这个价格我们不能接受。

二、选择恰当的词语完成句子

1. 我要通过自己的努力，(成功/成为/作为) 对社会有用的人。
2. 人类 (成功/成为/作为) 登上月球是一件非常了不起的事。
3. 冰箱里的水果忘吃了，全坏了，真 (可惜/遗憾)！
4. (可惜/遗憾) 明天下雨，我们不能去爬山了。
5. 这个结果也不是我们希望的，很 (可惜/遗憾)。

三、叙述练习

1. 选一个你喜欢的故事，先复述一遍，然后写出来。

提示词语：

一天、有一次、……的时候、……时、从来、马上、可惜、却、所以、一下子

2. 讲（或写）一个你们国家的或者你喜欢的名人小故事。

四、谈一谈

课文中的三个主要人物有什么相同的特点？如果你有其他故事，可以和同学们分享。

找出本课中对你最有用的5个句子，并抄写在下面

1. _____
2. _____
3. _____
4. _____
5. _____

第三课 堵车的"快乐"
Dì-sān kè Dǔchē de "kuàilè"

课前热身 Warming-up Exercises

1. 什么时候堵车最厉害?
2. 你常常遇到堵车的情况吗?堵车的时候,你的心情怎么样?

词语 Words & Phrases

1. 堵车	dǔ chē		traffic jam
			外边正堵车呢。/下班的路上堵了一个小时车。
2. 严重	yánzhòng	形	serious; severe
			病得很严重/问题很严重
3. 受不了	shòubuliǎo		can't endure
			外边太吵 (chǎo, noisy) 了,我真受不了。
4. 环境	huánjìng	名	environment
			这儿的环境很美。/环境保护 (bǎohù, protection) /我喜欢这里的学习环境。
5. 烦恼	fánnǎo	形、名	upset; annoyance; worries
			很烦恼/烦恼很多/最近我有很多烦恼,都是关于生活的。

6. 平时	píngshí	名	in normal times	
			他平时开车上班，不爱坐地铁（dìtiě, subway）。	
7. 发呆	fā dāi	动	stare blankly; be in a daze or trance	
			妻子去世后，他常常看着她的照片发呆。	
8. 欣赏	xīnshǎng	动	appreciate; enjoy	
			欣赏音乐/欣赏风景	
9. 闭眼	bì yǎn		close one's eyes	
			=闭上眼睛//闭上眼睛⟷睁（zhēng, open）开眼睛	
10. 交通警察	jiāotōng jǐngchá	名	traffic police =交警	
11. 帅哥	shuàigē	名	handsome fellow	
12. 或	huò	连	or 或者/A或B	
13. 杂志	zázhì	名	magazine; journal	
			一本杂志/一份杂志	
14. 活动	huódòng	动、名	move about; exercise; activity	
			活动活动身体/户外（hùwài, outdoor）活动	
15. 脖子	bózi	名	neck	
			天鹅（tiān'é, swan）的脖子很长。/脖子酸（suān, aching）的时候需要活动活动。	
16. 手指	shǒuzhǐ	名	finger	

17. 车牌	chēpái	名	number (or license) plate	
			车牌号码	
18. 计算	jìsuàn	动	to count; calculate	
			计算机/计算器/计算一下这个月一共花了多少钱。	
19. 收音机	shōuyīnjī	名	radio	
			一台收音机/听收音机	
20. 台	tái	名	station; channel	
			电视台/广播电台；换台	
21. 倒计时	dàojìshí	动	countdown	
			新年倒计时/现在开始倒计时，5、4、3、2、1、0!	
22. 照镜子	zhào jìngzi		look in the mirror	
			女人喜欢照镜子。	
23. 反光镜	fǎnguāngjìng	名	reflector	
			开车的时候应该看反光镜。	
24. 做鬼脸	zuò guǐliǎn		grimace; make funny face	
			对sb.做鬼脸	
25. 短信	duǎnxìn	名	text message	
			一条短信/发短信/收短信/回短信/短信服务	
26. 游戏	yóuxì	名	recreation; game	
			做游戏/玩电脑游戏	
27. 小摊	xiǎotān(r)	名	stand; booth	
			在小摊上买水果	
28. 煎饼	jiānbing	名	pancake	
			一个煎饼/一套煎饼	

第三课　堵车的"快乐"

29. 白薯	báishǔ	名	sweet potato
			一块白薯/烤白薯
30. 烤肉串	kǎoròuchuàn(r)	名	barbecue meat
31. 白白※	báibái	副	in vain; for nothing
32. 浪费	làngfèi	动	to waste
			浪费时间/浪费食品/浪费表情（biǎoqíng，expression）

词语练习　Word Exercises

把相关的动词和名词连线（可以多选）：

动词（verb）		名词（noun）
1. 回		a. 镜子
2. 活动		b. 车
3. 堵		c. 短信
4. 改变		d. 风景
5. 欣赏		e. 环境
6. 闭		f. 鬼脸
7. 照		g. 游戏
8. 做		h. 手指
9. 玩		i. 眼

课文 Text

阅读课文,回答问题:

住在城市里的人常常说:"汽车越来越多了,堵车越来越严重,真让人受不了。"可是,也有人说过这样一句话:"我们不可以改变环境,却可以改变对环境的态度。"

谁说堵车的时候只有烦恼?堵车时,我们可以做很多平时做不了的事,比如:

1. 发呆。
2. 看蓝天白云。
3. 欣赏周围的风景。
4. 闭上眼睛休息一下。
5. 想想最近的高兴事。
6. 看路上的交通警察。
7. 看路边的帅哥或美女。
8. 看手边的报纸或杂志。
9. 活动脖子,活动手指。
10. 看前边的车牌号,计算24点*。
11. 看周围的车,比一比哪辆最漂亮。
12. 听音乐,换张CD,或者给收音机换换台。

1. 城市里的人常常有什么烦恼?

2. 这16项(xiàng, item)中,哪一个你做过?

3. 在这16项中,你最喜欢哪一个?为什么?

4. 这16项中,哪些是不需要"看"的?

13. 看着路口的倒计时灯，跟着数：18、17、16……

14. 如果是女士，就照照镜子；如果是男士，就对着反光镜做鬼脸。

15. 把手机拿出来看看短信，有新短信就回一下，如果没有，就玩手机游戏。

16. 下车，在路边的小摊上买煎饼、烤白薯或者烤肉串，然后立刻回到车上。

所以，堵车并不可怕。可惜，不少人在堵车时，只会烦恼或着急，白白浪费了很多时间。

5. 路边的小摊上常常卖什么？

6. 这16项中，哪个是你最不可能做的？

7. 为什么说"堵车并不可怕"？

注释：*计算24点：一种数学游戏。在1—9中，任意选4个数字，通过加、减、乘、除等计算方法，使这4个数字计算的结果等于24。每个数字只能用一次。比如有"6、2、5、3"四个数，可以有几种算法：

(5+3)×(6÷2)=24，或者6×2×(5-3)=24，也可以是 6×5-2×3=24

语 言 点　Language Points

一、谁说堵车的时候只有烦恼？

> "谁说……"是反问句，表示后边所说的不正确或不符合实际情况。
>
> "谁说……" is a rhetorical question, indicating that the following statement is not true or not in accordance with the actual situation.

(1) 谁说他没有女朋友？他都要结婚了！
(2) 谁说玩电脑游戏只有坏处没有好处？

◆ 用"谁说……"完成对话：
(1) 甲：女孩子一般学不好数学。　　乙：＿＿＿＿＿＿。
(2) 甲：喝可乐对身体没一点儿好处。乙：＿＿＿＿＿＿。
(3) 甲：汉语太难学了。　　　　　　乙：＿＿＿＿＿＿。
(4) 甲：今年冬天不太冷。　　　　　乙：＿＿＿＿＿＿。

你自己的对话：
甲：＿＿＿＿＿＿＿＿＿＿＿＿＿＿＿＿＿＿＿
乙：＿＿＿＿＿＿＿＿＿＿＿＿＿＿＿＿＿＿＿

二、堵车并不可怕。

> "并"用在否定词"不"或"没（有）"的前边，加强否定的语气，使句子略带反驳的意味。
>
> "并" is used before the negative word "不" or "没(有)" for emphasis, indicating that the reality is not as one thought or expected.

(1) 甲：你喜欢吃烤鸭吧？ 乙：不，我并不喜欢吃烤鸭，不过陪来北京的外国朋友吃过一回。

(2) 甲：你看了那个电影吗？怎么样？ 乙：我并没看过那个电影，你想去看吗？

◆ 用"并不/没"完成对话：
(1) 甲：你是不是生我的气了？ 乙：_____。
(2) 甲：你知道他的生日是哪天吧？ 乙：_____。
(3) 甲：这个超市里的东西很贵吧？ 乙：_____。
(4) 甲：听说你打算出国留学？ 乙：_____。

你自己的对话：
甲：_____
乙：_____

三、不少人在堵车时，只会烦恼或着急，白白浪费了很多时间。

"白白"是副词，表示行为没有达到预期目的或没有取得应有的效果。后边可以加"地"。有时可单用"白"，但是"白白"比"白"语气重。"白白（地）"后边常跟双音节词语。

The adverb "白白" indicates that an action has not achieved the anticipated purpose or intended effect. "白白" can be followed by the structural particle "地". One can also use "白" alone, but "白白" emphasizes the "in vain" sentiment more strongly than a single "白". "白白（地）" is often followed by a disyllabic word.

(1) 到我的时候票正好卖完了，我白（白）站了一个小时。
(2) 我把刚洗的衣服弄脏了，真是白洗了。
(3) 堵了一个小时车，白白（地）浪费了时间。

◆ 用"白"或"白白"完成句子：
(1) 他让我8点在校门口等他，可是他自己却忘了，_____。
(2) 我说了那么多，他一点儿也听不进去，_____。
(3) 我把刚买的电影票弄丢了，_____。
(4) 我上星期刚买了一件大衣，可是从今天开始商场里的大衣都降价了，_____。

你自己的句子：_____

综合练习 Comprehensive Exercises

一、选词填空

平时　或　台　烦恼　严重　欣赏　环境
浪费　倒计时　计算　游戏　活动　杂志

1. 我对周围的（　　　）越来越熟悉了。
2. 环境污染（wūrǎn, pollution）越来越（　　　）。
3. 生活中并不只有快乐，也常常会有（　　　）。
4. （　　　）他喜欢去博物馆。
5. 我们正在（　　　）节目，他却在那里打手机。
6. 中午一起吃饭吧！中餐（　　　）西餐都可以。
7. 《读者》是一本很有名的（　　　）。
8. 电脑的（　　　）速度（sùdù, speed）比人脑快得多。
9. 在屋子里待了一天了，出去（　　　）一下吧。
10. 又是广告，快换（　　　）吧！
11. 新年零点（　　　）时，我的心情很激动。
12. 弟弟说，玩电脑（　　　）时，时间总是过得太快。
13. 别（　　　）时间了，快点儿出发吧。

二、连词成句
　　1. 常常　我　的　时候　烦恼　很　堵车
　　2. 辛苦　的　真　交通警察　路上
　　3. 女人　喜欢　比　更　照镜子　男人
　　4. 买　烤白薯　在　爱　我　路边　的　小摊上

三、再读一遍课文，讨论一下堵车时还可以做什么，把它们写出来
　　1. _____
　　2. _____
　　3. _____
　　4. _____

四、说一说：本课的题目为什么是"堵车的'快乐'"而不是"堵车的快乐"？

五、抄写下边这句话，谈谈你的看法
　　"我们不可以改变环境，却可以改变对环境的态度。"
　　_____

　　参考词语与句式：
　　常常　受不了　可是……时（……的时候）
　　如果　所以　并不　白白

找出本课中对你最有用的5个句子，并抄写在下面

1. _____
2. _____
3. _____
4. _____
5. _____

第四课　俗语
Dì-sì kè　Súyǔ

Warming-up Exercises 课前热身

1. 你知道中国的俗语吗？
2. 你听说过三国的故事吗？你能说出故事里一两个人物的名字吗？

Words & Phrases 词语

1. 俗语	súyǔ	名	popular saying or common saying; proverb	
			=俗话	
2. 时期	shíqī	名	a period in time or history; era	
			三国时期	
3. 政治家	zhèngzhìjiā	名	politician	
4. 小说	xiǎoshuō	名	novel; fiction; story	
			一部小说/看小说	
5. 人物	rénwù	名	personage; a character in literature	
			历史人物/电影人物/新闻人物	
6. 谈论	tánlùn	动	talk about; discuss	
			谈论sb./ sth.	

7. 某人	mǒurén	代	someone	
			某年某月某日	
8. 同样	tóngyàng	形	same; similar	
			同样的颜色/同样的年龄	
9. 说法	shuōfa	名	wording; way of saying a thing	
			这两个词说法不一样，但意思相同。	
10. 老虎	lǎohǔ	名	tiger	
			一只老虎	
11. 狼	láng	名	wolf	
			一只狼/很多人都听说过"狼来了"的故事。	
12. 尾巴	wěiba	名	tail	
			小狗一看见喜欢的人就摇尾巴。	
13. 影子	yǐngzi	名	shadow; trace	
14. 魔鬼	móguǐ	名	devil	
			他生起气来像魔鬼一样。	
15. 踩	cǎi	动	step on	
			对不起，我不小心踩了你的脚。	
16. 驴	lǘ	名	donkey	
			一头驴	
17. 耳朵	ěrduo	名	ear	
			两只耳朵	
18. 国王	guówáng	名	king	
19. 王冠	wángguān	名	royal crown	
			戴王冠	

20. 现象	xiànxiàng	名	phenomenon; appearance (of things)
			社会现象/城市里的堵车现象很严重。
21. 肯定※	kěndìng	副	definitely; undoubtedly
22. 是否※	shìfǒu	副	whether or not; whether
23. 注意	zhùyì	动	pay attention to
			注意，火车开过来了！
24. 观察	guānchá	动、名	observe carefully
			观察别人/观察世界
25. 对比	duìbǐ	动、名	contrast; compare
			A和B对比/对比一下这两种颜色，看看哪个更漂亮。
26. 不仅※	bùjǐn	连	not only
27. 进一步	jìnyíbù	副	further
			进一步+双音节动词：这件事得进一步研究。/他的病情（bìngqíng, state of an illness）需要进一步观察。

专有名词

1. 曹操	Cáo Cāo	Cao Cao
2. 三国	Sānguó	The Three Kingdoms (220-280) Wei, Shu and Wu
3. 三国演义	Sānguó Yǎnyì	*Romance of the Three Kingdoms*

| 4. 比利时 | Bǐlìshí | Belgium |
| 5. 乌兹别克斯坦 | Wūzībiékèsītǎn | Republic of Uzbekistan |

词语练习 Word Exercises

回答问题：

1. 曹操是哪个时期的人物？
2. 请说出几个中国政治家的名字。
3. 你喜欢看小说吗？为什么？
4. 你喜欢和别人谈论政治问题吗？
5. 你觉得同样国家的人在同一个班里学汉语好不好？为什么？
6. 有这样一句话："没有永远的朋友。"你同意这个说法吗？
7. 如果说"甲是乙的影子"，这句话是什么意思？
8. "左耳朵进右耳朵出"是什么意思？
9. 学汉语时，有哪些语言现象对你来说很特别？
10. 对比一下你刚来中国第一天的感觉，说说有了哪些变化？

课文 Text

阅读课文，回答问题：

"说曹操，曹操到"

曹操是三国时期一位重要的政治家。在小说《三国演义》里，有很多关于他的故事。在中国，差不多人人都知道曹操这个人物。

> 1. 曹操是什么人？
> 2. 《三国演义》是什么？

在汉语中，有这样一句话，"说曹操，曹操到"，意思是：人们正在谈论某人时，那个人正好就出现了。比如：

甲："我好久没看见小王了，他最近怎么样？

乙："说曹操，曹操到"，你看，那不就是他吗？

同样的意思在不同的国家有着不同的说法：

韩国人说："我们刚说到老虎，老虎就来了。"

法国人说："人们刚谈到狼，就看到了它的尾巴。"

日本人说："我们正说起一个人，他的影子就到了。"

美国人说："一说到魔鬼，魔鬼就来了。"

比利时人说："人们刚说到魔鬼，就踩到了它的尾巴。"

乌兹别克斯坦人说："人们刚说到驴，就看见了它的耳朵。"

意大利人和西班牙人却说："人们一谈论国王，就会看见他的王冠。"

3. "说曹操，曹操到"是什么意思？

4. 这些说法中，哪一个和中国的说法最像？

5. 从各种说法中可以看出什么特点？

这样的语言现象并不少,你在学习中肯定遇到过,你是否注意过它们?通过观察和对比,不仅可以学好语言,还能进一步了解语言中的历史和文化。

【根据《学汉语》汪宗虎同名文章改写】

6. 对语言现象进行观察和对比,有什么好处?

语言点　Language Points

一、这样的语言现象并不少,你在学习中肯定遇到过。

■ "肯定"作副词时,表示"一定、必定、无疑问"。
When "肯定" is used as an adverb, it means "一定、必定、无疑问" (must, without fail, undoubtedly, certainly).

(1) 天这么阴,一会儿肯定会下雨。
(2) 他周末喜欢去爬山,今天天气这么好,他肯定又去了。

◆用"肯定"把相关的A、B句连起来：

A		B
他每天很晚下班	肯定	可以治好
她没告诉妈妈		还没起床
遇到这么没有礼貌的人		没时间做晚饭
他特别喜欢睡懒觉		是怕妈妈担心
你的病不严重		非常生气

✎ 你自己的句子：_____

二、你是否注意过它们？

■ "是否"，副词，用于疑问句，意思是"是不是"。语气比较正式。The adverb "是否" (whether or not) is often used in interrogative sentences. It has the same meaning with "是不是", but used in more formal contexts.

(1) 你是否相信有外星人（extraterrestrial being, ET）？

(2) 你是否听说过"桂林（guìlín, Guilin, a city in Guangxi）山水甲（jiǎ, first, be in the first place）天下"这句话？

◆用"是否"改写句子：

(1) 他是不是真的爱我？→
(2) 你了解不了解中国历史？→
(3) 你知道不知道这个俗语？→
(4) 你观察过天上的云吗？→

✎ 你自己的句子：_____

三、通过观察和对比，不仅可以学好语言，还能进一步了解语言中的历史和文化。

■ "不仅A，还B"是一个递进关系的复句，意思和用法与"不但A，而且B"相似。多用于书面语。也可以用做"不仅A，也B"或"不仅A，而且B"。

"不仅A，还B"（not only A, but also B）is a complex sentence pattern that indicates a progressive relation between A and B. This structure is similar to "不但A，而且B" in meaning and usage, but often used in written Chinese. "不仅A，也B" and "不仅A，而且B" are variants.

（1）这个商店的东西不仅丰富，还常常打折。
（2）这种手机不仅可以拍照片，还能上网。

◆ 根据提示，用"不仅……还……"完成句子：
（1）旅行：_____。
（2）运动：_____。
（3）在北京学汉语：_____。
（4）在学校附近租房子：_____。

你自己的句子：_____

综合练习 Comprehensive Exercises

一、写出你知道的动物名称

_____

二、选词填空

某人 小说 踩 人物 说法 同样 谈论 观察
对比 是否 不仅 现象 进一步 差不多 肯定

1. 《三国演义》是中国古代著名的（　　　）。
2. 那是十年前的事了，我（　　　）都忘了。
3. 我最喜欢的电影（　　　）是007。
4. 大家正在（　　　）最新的电影。
5. "说曹操，曹操到"的意思就是：正说到（　　　），那人正好到了。
6. （　　　）的衣服，在不同的商店会卖不同的价格。
7. 我不同意这种（　　　），我认为生男生女都一样。
8. 我不会跳舞，所以总是（　　　）别人的脚。
9. 最近出现了一种（　　　），那就是研究生毕业后很难找到工作。
10. 别敲门了，他（　　　）不在家。
11. 你（　　　）听说过三国故事？
12. 警察（　　　）了好几天，一直没看到那个小偷。
13. 这本书的名字是《中外文化（　　　）》。
14. 她（　　　）爱吃中国菜，还会做中国菜。
15. 她的情况我不太熟悉，还需要（　　　）了解。

三、根据课文内容填空

1. 曹操是三国时期一位重要的（　　　）家。在小说《三国演义》里，有很多关于他的（　　　）。在中国，差不多人人都知道曹操这个（　　　）。

2. 这样的语言（　　　）肯定还有很多，你在学习中（　　　）观察过、对比过？（　　　）观察和对比，不仅可以学好语言，还能（　　　）了解语言中的历史和文化。

四、下边这首中文歌是根据外国歌曲改编的，如果你的国家也有这样的歌曲，试着把它翻译成汉语

两只老虎，两只老虎，	
跑得快，跑得快，	
一只没有眼睛，	
一只没有尾巴，	
真奇怪！真奇怪！	
"你在哪里？你在哪里？"	
"在这里！在这里！"	
"你今天好吗？"	
"我今天很好。谢谢你！"	
"再见吧！""再见吧！"	

五、向中国人了解一些俗语，写下来，与大家分享

_____

_____

_____

_____

_____

_____

第四课 俗 语

找出本课中对你最有用的5个句子,并抄写在下面

1. _____
2. _____
3. _____
4. _____
5. _____

第五课　宠物店 的 告示
Dì-wǔ kè　Chǒngwùdiàn de gàoshi

课前热身　Warming-up Exercises

1. 你养过小动物吗？如果养过，是什么？
2. 如果你有养宠物的经历（jīnglì, experience），说说它给你带来的快乐和烦恼。
3. 如果你不喜欢养宠物，说说为什么不喜欢。

词语　Words & Phrases

1. 宠物	chǒngwù	名	pet; pet animal	
			养宠物/宠物医院	
2. 告示	gàoshi	名	official notice; poster	
			一张告示/贴告示	
3. 玻璃	bōli	名	glass	
			玻璃杯/玻璃窗	
4. 之前※	zhīqián	名	before; prior to; ago	
			上班之前/出国之前	
5. 寿命	shòumìng	名	life; life expectancy	
			寿命很长	
6. 大约	dàyuē	副	about; around; approximately	
			今天大约20℃。/参加晚会的人大约有30个。	

Dì-wǔ kè Chǒngwùdiàn de gàoshi
第五课 宠物店的告示

7. 抛弃	pāoqì	动	abandon; discard
			小狗被主人抛弃了，真可怜。
8. 痛苦	tòngkǔ	形	pain; suffering; agony
			很痛苦/痛苦的回忆
9. 耐心	nàixīn	名、形	patience; endurance, patient
			对sb.(sth.)有耐心/耐心地回答问题
10. 信任	xìnrèn	动	trust, have confidence in
			对sb.信任/信任sb.
11. 惩罚	chéngfá	动	punish
			别惩罚孩子/受到惩罚
12. 娱乐	yúlè	名	entertainment; recreation
			娱乐节目/娱乐活动
13. 而※	ér	连	but; yet
14. 唯一	wéiyī	形	single; only; sole
			他是我唯一的中国朋友。
15. 陪伴	péibàn	动	accompany; keep sb. company
			陪伴sb.
16. 对待	duìdài	动	treat
			你不能这样对待客人。
17. 咬	yǎo	动	bite
			我被蚊子(wénzi, mosquito)咬了。/离狗远一点儿，小心它咬你。
18. 骂	mà	动	abuse; curse; scold
			骂人/打骂/骂sb.+……

47

19. 懒	lǎn	形	lazy
			睡懒觉/懒虫（lazy bone）/伸懒腰（stretch oneself）/这个人太懒了。
20. 食物	shíwù	名	food
21. 阳光	yángguāng	名	sunlight; sunshine
			外边的阳光很好，出去走走吧。
22. 奔跑	bēnpǎo	动	run; race
			马儿在草原上奔跑。
23. 心脏	xīnzàng	名	heart
			心脏病/他的心脏像年轻人一样健康。
24. 弱	ruò	形	weak; delicate
			身体很弱/声音很弱/弱⟵⟶强
25. 生命	shēngmìng	名	life
			每个人的生命只有一次，所以要过好每一天。
26. 时刻	shíkè	名	moment
			在生命的最后时刻，他一直在叫女儿的名字。
27. 忍心	rěnxīn	动	be hardhearted enough to
			不忍心告诉他坏消息
28. 在场	zàichǎng	动	be on the scene; be on the spot
			在场的人/我昨天不在场，所以不知道发生了什么。

29. 只要※	zhǐyào	连	as long as	
30. 接受	jiēshòu	动	accept	
			接受礼物/接受帮助/接受批评	

词语练习 Word Exercises

回答问题：

1. 人类的平均（píngjūn，average）寿命有多长？
2. 对于抛弃动物的人，你有什么看法？
3. 自杀是解除（jiěchú，to relieve; remove）痛苦的好办法吗？
4. 你信任什么样的人？
5. 如果你的孩子很不听话，你会惩罚他吗？
6. 你喜欢什么娱乐方式？
7. 如果生命只有一天时间，你最希望谁来陪伴你？
8. 你怎样对待身边喜欢抽烟的朋友？
9. 身体很弱的人应该怎么锻炼？
10. 什么样的人或事是你不能接受的？

课文 Text

阅读课文，回答问题：

在一家宠物店的玻璃窗上，贴着这样一张告示：

★把我带回家之前，请记住，我的寿命大约有十到十五年，如果你抛弃我，我会

1. 宠物的寿命一般有多长？

非常痛苦。

★请对我有耐心，你要花一些时间来了解我。

★请信任我——那对我十分重要。

★请别对我生气太久，也别把我关起来惩罚我。你明白吗？你有你的工作、你的娱乐、你的朋友，而你，是我的唯一。

★请常常对我说话，虽然我不懂你说话的内容，但我会感觉到你的声音在陪伴着我。

★你怎样对待我，我会永远记在心里。

★当你打我时请记住，我完全可以咬你的手或腿，我只是不选择这样做。

★当你骂我不听话或者太懒时，请想一想，我是否遇到了什么问题。也许我没得到我想要的食物、很久没在阳光下奔跑，或者我的心脏已经太弱太老。

★当我年老时，请好好照顾我，因为你也会变老。

★在我生命的最后时刻，请千万不要说："我不忍心看，我不想在场。"只要有你和我在一起，所有的事都会变得容易接受。

2. 对宠物来说，什么很重要？

3. "你是我的唯一"是什么意思？

4. 宠物为什么希望主人对自己说话？

5. "不选择这样做"的意思是什么？

6. 宠物可能会遇到什么问题？

7. 在生命的最后时刻，宠物希望主人怎样做？

第五课　宠物店的告示

Dì wǔ kè　Chǒngwùdiàn de gàoshi

★请永远不要忘记，我爱你。

【根据吴淡如《爱的守则》改写，《读者》2007年第21期】

Language Points　语　言　点

一、把我带回家之前，请记住，我的寿命大约有十到十五年。

"之前"，方位词，表示在某个时间或处所的前面（多指时间，少指处所）。多用于书面。类似的结构还有"……之后"、"……之间"、"……之中"。

The location word "……之前" signifies that something is "before a certain time" or "in front of a certain place" (more often referring to time than place). It is often used in written Chinese. Similar structures include "……之后" (after...), "……之间" (between/among...) and "……之中" (within/in the middle of...).

(1) 吃饭之前要洗手。
(2) 买打折的东西之前要想想自己是不是真需要。

◆ 将句子补充完整：
　(1) 出国之前＿＿＿＿＿＿＿＿＿＿＿＿＿。
　(2) 睡觉之前＿＿＿＿＿＿＿＿＿＿＿＿＿。
　(3) 旅行之前＿＿＿＿＿＿＿＿＿＿＿＿＿。
　(4) 开会之前＿＿＿＿＿＿＿＿＿＿＿＿＿。
　(5) 离开房间之前＿＿＿＿＿＿＿＿＿＿＿。

　　你自己的句子：＿＿＿＿＿＿＿＿＿＿＿

二、你有你的工作、你的娱乐、你的朋友，而你，是我的唯一。

■ "而"，连词，连接前后两个部分，在这里表示转折，意思相当于"但是"、"可是"。
The conjunction "而" (whereas; while in contrast) connects two parts of a sentence, indicating a contrastive situation. It is similar to "但是"、"可是" in meaning.

(1) 你是中国人，当然不觉得汉语难，而我是外国人，觉得汉语实在太难了。

(2) 这件事对于你来说没什么，而对于他来说，却不是小事。

◆ 用"而"改写句子：
(1) 咱们这里是冬天，可是在新西兰，现在却是夏天。→
(2) 新鲜蔬菜一般都很贵，但是在早市上却非常便宜。→
(3) 他不爱说话，可是一谈到他的猫，他就说个没完。→

 你自己的句子：＿＿＿＿＿＿＿＿＿＿＿＿＿＿＿＿＿＿

三、当你打我时请记住，我完全可以咬你的手或腿，我只是不选择这样做。
当你骂我不听话或者太懒时，请想一想，我是否遇到了什么问题。
当我年老时，请好好照顾我，因为你也会变老。

■ "当……时"是一个固定结构，完整的说法是"当……的时候"。意思是"在……的时刻"、"在……的时候"，表示一个时间点，用在句子开头。
注意：不可以说"当……的时"或"当……时候"。

Dì-wǔ kè　Chǒngwùdiàn de gàoshi　　第五课　宠物店的告示

> The grammatical pattern "当……时"(when) is a shortened version of "当……的时候" and has the same meaning as "在……的时刻" or "在……的时候". When used at the beginning of a sentence, it signifies a point of time.
> Note: You cannot say "当……的时" or "当……时候".

(1) 当我遇到麻烦的时候，最不想让父母知道，因为怕他们担心。
(2) 当我第一次得到打工挣的钱时，心里十分激动。

◆ 根据提示，用"当……时"将句子补充完整：
　(1) 刚学汉语
　(2) 知道自己考上了大学
　(3) 看到被抛弃的小狗
　(4) 在机场和家人说再见

✎ 你自己的句子：_____

四、只要有你和我在一起，所有的事都会变得容易接受。

■ "只要"是连词，表示必要的条件。后边常用"就"呼应。
The conjunction "只要" signifies a minimum condition: as long as that condition is met, the result will occur, regardless of all other factors. It is often followed by "就" in the latter clause.

(1) 只要早点儿出发，就不会遇到堵车。
(2) 我不在没关系，你只要把书放在我办公桌上就行了。

◆ 用"只要……（就）……"完成对话：
　(1) 甲：怎样才能学好口语？　　乙：_____。
　(2) 甲：西红柿炒鸡蛋怎么做？　乙：_____。
　(3) 甲：网上订机票方便吗？　　乙：_____。
　(4) 甲：在哪里可以看到天气预报？乙：_____。

你自己的对话：甲：_____
　　　　　　　乙：_____

综合练习 Comprehensive Exercises

一、选词填空

惩罚　宠物　娱乐　唯一　懒　阳光　接受　耐心
信任　告示　之前　大约　陪伴　忍心　痛苦

1. 那边贴了一张（　　），很多人都在围着看。
2. 我家的小猫病了，得带它去（　　）医院看看。
3. 离开教室（　　）请把灯关上。
4. 英国的年平均气温（　　）在17℃左右。
5. 如果没有爱情，两个人在一起是非常（　　）的。
6. 医生对待病人应该有（　　）。
7. 他是公司最有能力的员工，老板也最（　　）他。
8. 我踢球时不小心踢伤了邻居的孩子，很担心爸爸（　　）我。
9. 周末的电视（　　）节目比平时多。
10. 我是独生女，是家里（　　）的孩子。
11. 母亲住院时，父亲一直（　　）在她身边。
12. 他很（　　），一个月才洗一次衣服。
13. 冬天我喜欢去海南，因为那里有（　　）、蓝天和新鲜的空气。
14. 我不（　　）告诉他这个坏消息。
15. 这个礼物太贵重 (guìzhòng, valuable) 了，我不能（　　）。

二、再读一遍课文，在画线处填写上适当的内容（注意使用括号内的词语）

1. 把我带回家之前，请记住，_____(寿命，大约)。

如果你抛弃我，_____(痛苦)。

2._____(耐心)，你要花一些时间来了解我。

3.别对我生气太久，也别_____(关，惩罚)。你有你的工作、你的娱乐、你的朋友，_____(而，唯一)。

4.请常常对我说话，虽然我不懂你说话的内容，_____(陪伴)。

5._____(当……时)，请想一想，我是否遇到了什么问题。

6.在我生命的最后时刻，_____(千万，不忍心)，只要有你和我在一起，_____(接受)。

三、说说课文中的哪一部分给你的印象最深？为什么？

四、仿照课文，讨论并编写一段写给朋友、丈夫或妻子的话。

找出本课中对你最有用的5个句子，并抄写在下面

1. _____
2. _____
3. _____
4. _____
5. _____

第六课　天下 第一 行书
Dì-liù kè　Tiānxià dì-yī xíngshū

课前热身　Warming-up Exercises

1. 图片中是"龙"字的各种写法，你最喜欢哪一种？

2. 谈谈你对中国书法的印象。

Dì-liù kè Tiānxià dì-yī xíngshū

第六课 天下第一行书

Words & Phrases 词语

1. 行书	xíngshū	名	running script (a semicursive Chinese script)	
2. 书法	shūfǎ	名	calligraphy	
			书法家/书法练习/我喜欢中国书法。	
3. 书圣	shū shèng		a great master of calligraphy	
4. 勤奋	qínfèn	形	diligent	
			勤奋的学生/勤奋地学习	
5. 结构	jiégòu	名	structure; construction	
			文章结构/房屋结构	
6. 划	huá	动	to scratch; cut	
			我的手指不小心被划破了。	
7. 院子	yuànzi	名	courtyard	
			我在院子里种了一棵树。	
8. 甚至※	shènzhì	连	even	
9. 墨	mò	名	China ink	
			墨汁/水墨画	
10. 砚	yàn	名	inkstone; inkslab	
			纸、墨、笔、砚是"文房四宝"。	
11. 曾经※	céngjīng	副	once; ever	
12. 池塘	chítáng	名	pool; pond	
			池塘里有很多鱼。	

57

13. 鹅	é	名	goose
			一只白鹅在湖里游来游去。
14. 动作	dòngzuò	名	movement; action
			芭蕾舞（bāléiwǔ, ballet）的动作很漂亮。
15. 寻找	xúnzhǎo	动	seek; look for
			寻找语伴/寻找机会
16. 临摹	línmó	动	copy a model of calligraphy or painting
17. 历代	lìdài	名	all past periods
			历代皇帝/历代作家
18. 碑刻	bēikè	名	carved stone inscription
19. 形成	xíngchéng	动	to form
			风是怎样形成的？
20. 独特	dútè	形	unique
			独特的样式
21. 风格	fēnggé	名	style; character
			独特的风格/建筑风格
22. 作品	zuòpǐn	名	works (of literature and art)
			文学作品/电影作品
23. 序	xù	名	preface
			作序/序文/一篇序文
24. 境	jìng	名	border
			境内/国境/边境/出境
25. 作诗	zuò shī		poetize
			作一首诗/李白喜欢饮酒作诗。

26. 后代	hòudài	名	later periods (in history); later ages
27. 者※	zhě	代	-er; -ist; -or
28. 范本	fànběn	名	model for paiting/calligraphy

专有名词

1. 王羲之	Wáng Xīzhī	name of a famous calligrapher
2. 东晋	Dōng Jìn	the Eastern Jin Dynasty
3. 兰亭	Lántíng	name of a pavilion in Zhejiang province
4. 浙江	Zhèjiāng	Zhejiang province

词语练习 (Word Exercises)

1. 你喜欢书法吗？为什么？
2. 你觉得勤奋对于一个人是否很重要？为什么？
3. 如果你有一个院子，你打算怎么用它？
4. 你可以做芭蕾舞动作吗？
5. "每个人都是独特的"，你同意这种说法吗？
6. 你喜欢哪种风格的建筑？
7. 你可以说出一位中国作家的名字吗？他有什么作品？

课文 (Text)

阅读课文，回答问题：

中国历史上有很多位书法家，最有名的可以说是"书圣"王羲之(303—361)。

1. "书圣"是什么意思？

王羲之是东晋时期的人，他从小就喜欢写字，后来得到了一本和书法有关的书，就更加勤奋地练习。为了把字练好，他连走路的时候也总是想着字的结构，并且不停地用手指在衣服上划。时间久了，连身上的衣服都划破了。他还在书房内、院子里甚至大门边放好笔、墨、纸、砚，只要有时间，就练习书法。他曾经在院子前的池塘边练字，每次写完，就在池塘里洗笔和砚。慢慢地，池塘的水都变黑了。王羲之还非常喜欢看河里的鹅，因为从鹅的动作中可以发现对书法有帮助的东西。为了练好书法，每到一个地方，他总是去寻找和临摹历代碑刻，通过努力学习和练习，慢慢形成了自己独特的风格。

王羲之的代表作品是他51岁时写的《〈兰亭集〉序》。那年的三月初三，王羲之和几十个朋友到兰亭(今浙江境内)附近游玩，他们一面喝酒，一面作诗，非常高兴，后来王羲之把朋友们写的诗合在一起编成《兰亭集》，并且写了一篇序文。《〈兰亭集〉序》全文共三百二十四字，介绍了兰亭周围美丽的山水和朋友们的欢乐，不仅内容美，而且书法更美，里边的二十多个"之"*字，个个写法不同，十分有趣。

作为"天下第一行书"，《〈兰亭集〉

2. 王羲之是怎么勤奋练字的？

3. 王羲之为什么喜欢看鹅？

4. 他为什么要寻找历代碑刻？

5. 请简单介绍一下王羲之的代表作品。

第六课　天下第一行书

序》受到了后代许多书法家的喜爱，直到现在，它也是书法爱好者的标准范本。

6. 《〈兰亭集〉序》为什么受到许多书法家的喜爱？

注释：* "之"，古代汉语常用词，有多种用法。最常见的用法是做助词，意思同"的"，其他比较常见的用法是做动词，意思相当于"去"。或者做代词时，意思相当于"他/她/它"。

"之"，a frequently used word in ancient Chinese, has a good variety of usages. Most commonly it is used as a particle with the same meaning as "的". In other cases it is often used as a verb indicating "去" or a pronoun indicating "他/她/它".

Language Points 语言点

一、他为了把字练好，连走路的时候也总是想着字的结构，并且不停地用手指在衣服上划。
　　王羲之把朋友们写的诗合在一起编成《兰亭集》，并且写了一篇序文。

■ "并且"，连词，用在复句后一个分句里，表示更进一层的意思。
The conjunction "并且" is used at the beginning of the latter clause in a complex sentence. It means "furthermore", "besides", "moreover".

　　(1) 他通过了考试，并且取得了第一名的好成绩。
　　(2) 我在上海过得很开心，并且在那里认识了一位可爱的上海姑娘。

◆ 根据提示，用"并且"完成句子：
(1) 参加比赛：_____
(2) 养了三只猫：_____
(3) 学打太极拳：_____
(4) 在国内旅游：_____

你自己的句子：_____

二、他在书房内、院子里甚至大门边放好笔、墨、纸、砚……

■ "甚至"，连词，强调突出的事例（有更进一层的意思）。
The conjunction "甚至" (even; [go] so far as to; so much so that) is used for emphasis to indicate something surprising or extreme.

(1) 早上七八点钟最堵车，我一般需要40分钟甚至一个小时才能到学校。
(2) 这个迷路的老人不知道自己的家在哪里，甚至连自己的名字也说不出来，真把我们急坏了。

◆ 用"甚至"完成下边的句子。
(1) 他的房间里都是书，_____。
(2) 这种游戏非常有意思，小孩子们都喜欢，_____。
(3) 我的妹妹很怕狗，_____。
(4) 他从来不相信别人，_____。

你自己的句子：_____

三、他曾经在院子前的池塘边练字……

■ "曾经"，副词，表示从前有过某种行为或情况。
The adverb "曾经" indicates past action or situation and can be translated as "once; at one time in the past; have had the experience of".

(1) 我曾经去过上海。

(2) 我们曾经见过一次面，后来就没再联系。

◆ 用"曾经"谈谈下边的话题：

(1) 你去过的国家或城市

(2) 你最喜欢的电影

(3) 你爱过的一个人

(4) 你的一次冒险（màoxiǎn，adventure）。

 你自己的句子：_____

四、每到一个地方，他总是去寻找和临摹历代碑刻……

■ "每"表示相同的动作或情况有规律地反复出现，和后边的动词或动词短语结合后，一般做状语，后边的句子中常常有"就"、"都"、"总"等。

"每"(every time; whenever), followed by a verb or verb phrase, indicates that an action or situation recurs regularly. and often functions as an adverbial. The following clause often contains "就", "都", "总", etc.

(1) 每到假期，我们一家人常常出去旅行。

(2) 这个京剧演员表演得太精彩（jīngcǎi，wonderful）了，每唱一段，台下的观众就会高声叫好。

◆ 用"每"完成句子：

(1) 每到周末，_____。

(2) 每到考试以前，_____。

(3) 每到一个新地方，_____。

(4) 每学一个好句子，_____。

(5) 每接一次母亲的电话，_____。

你自己的句子：_____

五、直到现在，它也是书法爱好者的标准范本。

"者"用在形容词、动词或形容词性词组、动词性词组后面，表示有此属性或者动作的人或事物。比较正式。

"者" is used after an adjective, verb, adjective phrase, or verb phrase as a substitute for a person or a thing that possesses the attribute or performs the action. It is used in formal contexts.

(1) 我是登山爱好者。
(2) 和我一起去西藏的同行者中，很多人是我从网上认识的。

◆ 用"者"字改写下边的短语：
(1) 写文章的人→
(2) 有某种爱好的人→
(3) 读报纸或者杂志的人→
(4) 登山的人→
(5) 勇敢的人→

你自己的句子：_____

综合练习 Comprehensive Exercises

一、根据课文内容填空（做第一遍时不要看备选词语）

甚至　勤奋　爱好者　结构　书法　作诗
动作　受到　从小　作为　代表　独特　编

1. 中国历史上有很多位（　　）家，最有名的可以说是"书圣"王羲之。

2. 王羲之（　　）就喜欢写字，后来他得到了一本和书法有关的书，就更加（　　）地练习。

3. 他为了把字练好，连走路的时候也总是想着字的（　　）。

4. 他在书房内、院子里（　　）大门边放好笔、墨、纸、砚，只要有时间，就练习书法。

5. 王羲之喜欢看河里的鹅，因为从鹅的（　　）中可以发现对书法有帮助的东西。

6. 通过努力学习和练习，他慢慢形成了自己（　　）的风格。

7. 王羲之的（　　）作品是他51岁时写的《兰亭集序》。

8. 王羲之和朋友一面喝酒，一面（　　）。

9. 王羲之把朋友们的诗合在一起（　　）成《兰亭集》，并且写了一篇序文。

10. （　　）"天下第一行书"，《兰亭集序》（　　）了后代许多书法家的喜爱。

11. 《兰亭集序》受到了后代许多书法家的喜爱，直到现在，它也是书法（　　）的标准范本。

二、写出和提示词语相关的词（越多越好）

例：书法——纸　墨　毛笔

1. 池塘——
2. 院子——
3. 书房——
4. 风格——

三、在本课中，我们学了"……者"这样的形式。在汉语中，还有很多相似的形式，例如

——子：包子　饺子　勺子　裤子　本子
——家：画家　作家　歌唱家　文学家　科学家

—学：文学　科学　教育学　社会学　医学
—度：高度　长度　宽度　温度　速度
看看它们有什么特点，请你再写出几个。

_____
_____
_____
_____

四、根据表格中的提示，介绍一位你喜欢的作家或画家

姓名	
年代	
代表作品	
风格	
其他	

找出本课中对你最有用的5个句子，并抄写在下面

1. _____
2. _____
3. _____
4. _____
5. _____

第七课　一封 电子 邮件
Dì-qī kè　Yī fēng diànzǐ yóujiàn

Warming-up Exercises　课前热身

1. 你一般怎么跟远方的朋友联系？写信、打电话、发Email还是网上聊天？
2. 你去过长城吗？关于长城，你知道些什么？
3. 你习惯吃中国菜吗？你对中国菜有什么印象？

Words & Phrases　词　语

1. 电子邮件	diànzǐ yóujiàn		E-mail
			一封电子邮件/发电子邮件/收电子邮件/查电子邮件
2. 论文	lùnwén	名	thesis; paper
			一篇论文
3. 新鲜	xīnxiān	形	fresh; new
			新鲜水果/新鲜空气/新鲜事
4. 京剧	jīngjù	名	Beijing opera
			看京剧/京剧表演
5. 演员	yǎnyuán	名	performer; actor; actress
			电影演员
6. 服装	fúzhuāng	名	dress; clothes; costume
			一套服装

7. 化装	huàzhuāng	动	to paint; make up; put on makeup
8. 游人	yóurén	名	visitor; sightseer; tourist
9. 缆车	lǎnchē	名	cable car 坐缆车
10. 一口气	yìkǒuqì(r)	副	in one breath; without a break 我们一口气爬到了山顶。/我太饿了，一口气吃了四个包子。
11. 附件	fùjiàn	名	attachment 请看附件/打开附件/我发Email时忘了挂附件。
12. 一向※	yíxiàng	副	all long; up to now
13. 特意	tèyì	副	for a special purpose; specially 这是我们特意为你准备的生日礼物。
14. T恤衫	tì-xùshān	名	T-shirt 一件T恤衫/夏天穿T恤衫很舒服。
15. 终于※	zhōngyú	副	at last; finally; eventually
16. 烤鸭	kǎoyā	名	Peking roast duck
17. 导游	dǎoyóu	名	tour guide 当导游/我需要一个导游。
18. 好汉	hǎohàn	名	brave man; true man; hero

19. 火锅	huǒguō	名	hotpot; chafing dish	
			吃火锅/麻辣火锅	
20. 怪不得※	guàibude	副	no wonder; so that's why	
21. 想念	xiǎngniàn	动	remember with longing; miss	
			想念家人	
22. 替※	tì	动、介	replace; in stead of	
			替sb.+v.	
23. 空调	kōngtiáo	名	air-conditioner	
			一台空调/太热了，快开空调吧。	
24. 享受	xiǎngshòu	动、名	enjoy; treat	
			享受生活/美好的享受	
25. 总之※	zǒngzhī	连	in a word; in short; in brief	
26. 鼻子	bízi	名	nose	
27. 适应力	shìyìnglì	名	adaptability	
			适应力差	
28. 强	qiáng	形	strong; powerful	
			适应力强/能力强	
29. 呵呵	hēhē	拟声	hee hee; ha ha; hee haw	
30. 自夸	zìkuā	动	sing one's own praises	
			王婆（pó, old woman）卖瓜，自卖自夸	

专有名词

1. 司马台长城　Sīmǎtái Chángchéng　The Great Wall at Simatai

| 2. 毛泽东 | Máo Zédōng | Mao Zedong (1893—1976), founder of the PRC |

词语练习 Word Exercises

回答问题：

1. 最近有什么新鲜事？
2. 你看过京剧吗？你觉得京剧演员的服装怎么样？
3. 你喜欢坐缆车吗？为什么？
4. 查看邮件时，为什么不要随便打开陌生人的附件？
5. 你喜欢穿T恤衫吗？为什么？
6. 你知道北京烤鸭的吃法吗？
7. 你觉得导游这个职业怎么样？
8. 你什么时候最想念父母？
9. 你觉得什么是最大的享受？

课文 Text

阅读课文，判断对错：

撰写Compose　发送Send　保存草稿Save as draft
发件人Sender　mike@yahoo.com
收件人Reciever　baichuan@hotmail.com
主题Subject　Hello
附件Attachment　1.jpg　2.jpg　3.jpg　4.jpg

1. 这封E-mail是麦克写给白川的。

2. 他们俩很长时间没有联系了。

白川：
　　很久没联系了，最近好吗？还在忙论

第七课　一封电子邮件

文吗？又有什么新鲜事了？

我来这里一个多月了，一切都很好。

昨天晚上去看了一场京剧。演员的服装很漂亮，表演也很好看，不过我什么也听不懂。☺听说京剧演员很辛苦，化装甚至需要好几个小时，看了他们的表演，我可以想象得出。

3. 麦克是一个京剧爱好者。

上周六我和同学们去了司马台长城。因为是周末，而且天气好，所以游人很多。很多女生是坐缆车上去的。我们几个男生一口气爬到了最高处，很开心，并且拍了不少照片。附件里的这几张都是那天照的，给你看看。你是知道的，我一向只喜欢拍风景，可这次我特意照了一张带自己的，就是想发给我妈妈和你们看。T恤衫上的字能看清楚吗？"我终于登上了长城！"

4. 麦克去长城时，在缆车上照了很多照片。

5. 麦克的T恤衫上写着："不到长城非好汉。"

来北京后，常听人说"不到长城非好汉*，不吃烤鸭真遗憾"，很有意思。听导游说前一句是毛泽东说的，真是这样吗？我已经当了一回好汉啦！烤鸭我也吃过两次了，挺喜欢的，不过我最喜欢的还是火锅。对了，我认识了一个新朋友，也是四川人，特别热情，他带我吃了四川火锅，真是太好吃了。怪不得以前你总是说想念家乡的火锅，现在我终于明白了，那我就替你多吃几次吧！开着空调吃火锅，也是一种特别

6. 麦克最喜欢吃火锅。

7. 麦克至少有两个四川朋友。

71

的享受!

　　要说的太多了。总之,我是越来越喜欢这里的生活了。虽然还是觉得空气有些干燥,鼻子有些不舒服,但是没问题,我的适应力是很强的,呵呵,不是自夸。

　　时间过得真快,再过两个星期,我就要回去了。你需要我带什么,早点儿告诉我。

　　先写到这儿,再聊。

p.s.你看看,我的中文是不是有进步了?呵呵,实话告诉你吧,我差不多写了一个小时。☺

麦克

8月3日

8. 麦克对这里的生活比较满意。

9. 麦克写这封E-mail花了一个半小时。

　　注释:* "不到长城非好汉" Bú dào Chángchéng fēi hǎohàn. He who has never been to the Great Wall is not a true man.
　　这句话出自毛泽东1935年写的一首词《清平乐·六盘山》。意思是"没有到过长城的人,不可以算是英雄"。

第七课　一封电子邮件

Language Points 语言点

一、我一向只喜欢拍风景，可是这次我特意照了一张带自己的，想发给我妈妈和你们看。

■ "一向"，副词，表示某种行为或情况从过去到现在都是这样，没有变化。有"向来"、"从来"的意思。
The adverb "一向" (consistently; always[in the past]) indicates an incessant action or a consistent state from the past up to the present, similar to "向来"、"从来".

(1) 他一向不喜欢去人多的地方。
(2) 她一向好客，这次一定会热情欢迎你。

◆ 用"一向"改写句子：
(1) 我总是怕在很多人面前说话。→
(2) 他非常喜欢一个人去旅行。→
(3) 他从来不抽烟。→
(4) 我对京剧一点儿也不感兴趣。→

 你自己的句子：_____

二、我终于登上了长城！
怪不得以前你总是跟我说想念中国的火锅，现在我终于明白了。

■ "终于"，副词，表示经过变化、努力或者等待之后出现了某种情况或者结果。

73

The adverb "终于" (finally; at last) indicates that after changed circumstances, waiting or after previous unsuccessful attempts, some result or situation eventually occurs.

(1) 终于考完了！
(2) 听他解释了半天，我终于明白了事情的原因。

◆ 用"终于"完成句子：

(1) 经过三天紧张的比赛，_____。
(2) 他们俩十年没有见过面了，_____。
(3) 参加了多次面试，_____。
(4) 爬了三个小时，_____。

你自己的句子：_____

三、怪不得以前你总是说想念家乡的火锅，现在我终于明白了。

"怪不得"，副词，表示"明白了原因，对某种情况就不觉得奇怪"。常用在句子的开头，也可以独立使用。有时说成"难怪"。The adverb "怪不得" means "no wonder" or "given the situation, it is not surprising that..." It is often placed at the beginning of a sentence, but can also stand alone in a statement. It can also be said as "难怪".

(1) 他和女朋友分手了？怪不得最近他总是一个人去酒吧。
(2) 甲：天气预报说今天有雨。乙：怪不得天这么阴！
(3) 甲：你脸色怎么这么不好？乙：昨晚开夜车了。甲：怪不得。

◆ 用"怪不得"完成对话：

(1) 甲：小王的母亲住院了。乙：_____。
(2) 甲：去云南旅行的人很多。乙：_____。

(3) 甲：我最近在忙论文，根本没时间看电影。乙：_____。

(4) 甲：从今天开始商场开始换季降价。乙：_____。

✎ 你自己的对话：
甲：_____
乙：_____

四、我就替你多吃几次吧！

> "替"做动词时是"代替"的意思。做介词时是"为"的意思。一般的句式是"替sb.+V."。
>
> When used as a verb, "替" means "to take the place of" or "to substitute for". When used as a preposition, it has the same meaning as "为". The structure is "替 sb. + v."

(1) 老师今天生病了，所以他的研究生替他上课。
(2) 你看起来太累了，快去休息吧，衣服我替你洗。
(3) 他得了第一名，真替他高兴！

◆ 用"替"完成句子：
(1) 我没有时间去买饭了，你可不可以_____。
(2) 我今天不能去上课了，麻烦你_____。
(3) 我现在不想见他，_____。
(4) 朋友的钱包丢了，_____。

✎ 你自己的句子：_____

五、总之，我是越来越喜欢这里的生活了。

> "总之"，连词，下文是总括的话。
> The conjunction "总之"(anyway; "in short"; in a word) introduces a conclusion that sums up all the previous information.

（1）这个房间太小，又整天不见阳光，而且邻居也很吵，总之我不满意，我要搬家。

（2）我喜欢的菜有鱼香肉丝、麻婆豆腐、辣子鸡什么的，总之，只要是四川菜，我都喜欢吃。

◆ 完成句子：

(1) _____，总之，我爱上了那个地方。

(2) _____，总之，我们的商品非常受欢迎。

(3) _____，总之，请一定帮助他们。

(4) _____，总之，去英国留学是一个很好的选择。

(5) _____，总之，在中国人心中，红色是幸福的象征（xiàngzhēng, symbol）。

你自己的句子：_____

综合练习　Comprehensive Exercises

一、选择恰当的词语完成句子：

1. 我正在写毕业（bìyè, graduate）（论文/文章）。
2. 最近发生了很多（新鲜/新闻）事。
3. 京剧演员的（衣服/服装）很漂亮。
4. 她喜欢参加（化装/画脸）舞会。
5. 他（一向/方向）不喜欢被别人帮助。

6. 这个礼物真（特意/特别）。
7. 听了半天，我（终于/于是）明白了她的意思。
8. 真（高兴/遗憾），你不能参加我的生日晚会。
9. 我是第一次来这里玩，所以需要找一个（游人/导游）。
10. 他昨晚开夜车了，（原来/怪不得）今天这么困。
11. 我很（想念/想想）我的弟弟。
12. 在海边散步是一种很好的（接受/享受）。
13. 他的适应力很（弱/强），走到哪里都没有问题。

二、"不到长城非好汉，不吃烤鸭真遗憾"是什么意思？说说你的看法。

三、谈一谈：如果有人要去你们国家或你的家乡，你最想给他推荐什么？
    （1）应该去的地方：
    （2）应该吃的食物：
    （3）应该买的东西：
    （4）其他：

四、仿照课文格式，给一个中国朋友写一封邮件。注意包括以下几个部分：
    1. 称呼
    2. 问候语
    3. 邮件正文
    4. 结束语（祝颂语）
    5. 署名

找出本课中对你最有用的5个句子，并抄写在下面

1. _____
2. _____
3. _____
4. _____
5. _____

第八课　约会
Dì-bā kè　Yuēhuì

Warming-up Exercises　课前热身

1. 说到母亲，你首先想到的词是什么？
2. 你觉得对于母亲来说最快乐的事是什么？

Words & Phrases　词语

1. 约会	yuēhuì	名、动	appointment; date	
			跟sb.约会	
2. 与	yǔ	介、连	with; and	
			与sb.见面/东方与西方	
3. 另外	lìngwài	形、副	other; in addition; moreover	
			我们约在这里见面，他却去了另外一个地方。/我喜欢看书，另外，我还喜欢看电影。	
4. 原因	yuányīn	名	cause; reason	
			这件事的原因是什么？	
5. 催促	cuīcù	动	urge; hasten; press	
			A催促B(+V.)	
6. 邀请	yāoqǐng	动、名	invite; invitation	
			邀请sb. (+V.) /接受邀请	

7. 惊讶	jīngyà	形	surprised; amazed	
			很惊讶/对…感到惊讶	
8. 待	dāi	动	stay	
			待在家里/我想一个人待一会儿。	
9. 赶紧	gǎnjǐn	副	hurriedly; losing no time	
			赶紧+V.	
10. 看样子	kàn yàngzi		to look; appear; seem	
			看样子+小句：已经过了半个小时了，看样子他不会来了。	
11. 外套	wàitào	名	overcoat; outer garment	
			一件外套/穿外套	
12. 梳	shū	动	comb (one's hair, etc.)	
			梳头/梳子	
13. 笑容	xiàoróng	名	smiling expression; smile	
			笑容满面/满脸笑容	
14. 邻居	línjū	名	neighbor	
			我的邻居是一个演员。	
15. 羡慕	xiànmù	动	admire	
			我羡慕她唱得这么好。	
16. 餐馆	cānguǎn(r)	名	restaurant	
			=饭馆// 一家餐馆	
17. 温馨	wēnxīn	形	warm and fragrant; cosy	
			温馨的小屋	
18. 舒适	shūshì	形	comfortable; cosy	
			舒适的环境/舒适的沙发(shāfā, sofa)	
19. 菜单	càidān	名	menu	
			一张菜单/一份菜单	

20. 抬头	tái tóu		raise one's head
			抬头⟷低（dī）头
21. 记得	jìde	动	remember
			我还记得她6岁时的样子。
22. 小时候	xiǎoshíhou	名	when someone is a child
23. 领	lǐng	动	lead; take
			领sb.+V./大人领着小孩过街。
24. 情形	qíngxing	名	situation; condition
			我还记得刚到中国第一天的情形。
25. 点菜	diǎn cài	形	order dishes from a menu
			我来点菜。/我们点了三菜一汤。
26. 轮	lún	动	take turns
			大家轮着唱歌。/轮到你了。
27. 整个	zhěnggè	形	whole; entire; total
			整个上午/整个白天/整个国家//整个西瓜都被我吃了。
28. 交谈	jiāotán	动	come in contact and talk
			A跟B交谈
29. 由于※	yóuyú	介	owing to
30. 错过	cuòguò	动	miss; let slip
			错过一个机会/错过一班地铁

Word Exercises 词语练习

回答问题：

1. 你喜欢<u>与</u>什么样的人交往？

2. 除了母语和中文，你还会说另外的语言吗？
3. 说说你学汉语的原因。
4. 在舞场上想邀请别人跳舞时可以怎么说？
5. 节日的时候你喜欢待在家里还是喜欢出去旅游？
6. 你最羡慕什么人？
7. 你喜欢去哪个餐馆吃饭？
8. 屋子怎样布置比较温馨？
9. 你能看懂中文菜单吗？请说出几个菜名。
10. 说说你来中国的第一天的情形。
11. 和朋友一起去饭馆吃饭时，你喜欢自己点菜还是喜欢让别人点菜？
12. 你喜欢和什么样的人交谈？

课 文 Text

阅读课文，回答问题：

今天，我收拾整齐，准备与另外一个女人约会。这是我妻子的主意。

我去约会的这个女人，是我妈妈。因为工作和家庭的原因，我没有常去看她。昨天，在妻子的催促下，我给妈妈打了个电话，邀请她周五晚上先和我一起吃晚饭，然后去看场电影。

"怎么啦？你没事吧？"妈妈很惊讶，她以为我有什么坏消息要告诉她。

"什么事都没有，妈妈。我只是想和您

1. "我"要和谁约会？

2. "我"为什么没常去看母亲？

3. "我"约母亲干什么？

4. 母亲为什么很惊讶？

在一起待一会儿。"我赶紧解释，"就我们两个。"

电话那边的母亲没有马上说话，过了一会儿，我听见她说："我真的很高兴。"

周五下班后，当我开车来到妈妈家门口时，妈妈已经站在那里了，看样子她已经在外边等了一段时间了。妈妈穿了一件新外套，头发梳得很整齐，看见我，脸上全是笑容。妈妈一向爱笑，她这时笑得更开心。

"我跟邻居们说，今晚我要和你一起出去，他们都很羡慕我。"上车后，妈妈这样对我说。

我和妈妈来到一家餐馆，餐馆不大，却温馨而舒适。

5. "我"去接母亲时，看到了什么？

6. 那家餐馆怎么样？

坐下后，服务员拿来了菜单。我马上点了几个母亲喜欢吃的菜，抬头看她时，她正对着菜单发呆。见我看她，她笑了一下，说："老了，菜单上的字都看不清了。还记得你小时候，我领你到饭店吃饭的情形吗？"

"记得，妈妈，那时都是您替我点菜，现在，轮到我为您点菜了。"

母亲又笑了。整个晚饭，我和妈妈都在愉快地交谈。由于聊得太高兴，我们错过了看电影的时间。

（改编自小故事网www.xiaogushi.com）

> 7. 点菜时，母亲为什么发呆？
>
> 8. "我们"为什么错过了看电影的时间？

语言点 Language Points

一、在妻子的催促下，我给妈妈打了个电话。

■ "在……下"是一个固定格式，意思相当于"经过……"、"通过……"，表示某种原因、条件或情况，后边的句子说明相应的结果。

"在……下" is a fixed structure used in front of a sentence, with meanings similar to "经过……"、"通过……" (as a result of...; through...; after...), indicating some reason, condition or circumstance. The following sentence illustrates the corresponding outcome or result.

(1) 在好心人的帮助下，他找到了丢失的电脑。

(2) 在父母的鼓励 (gǔlì, encourage) 下，我的自信心越来越强。

◆ 用"在……下"改写句子：
(1) 通过全体队员的努力，我们比赛得了第一名。→
(2) 经过警察的帮助，那个女孩终于回到了父母身边。→
(3) 得到心理医生的帮助后，她终于有了自信心。→

✎ 你自己的句子：＿＿＿＿＿＿＿＿＿＿＿＿＿＿＿＿

二、我给妈妈打了个电话，邀请她周五晚上先和我一起吃晚饭，然后去看场电影。

■ "先A，然后B"表示事情或行为的前后步骤或先后顺序，后边还可以有"再……"、"接着"、"最后……"等表示之后的行为或步骤。

"先A，然后B" indicates a sequence of actions: "first A, and then B". It can be followed by "再"、"接着"、"最后……" to indicate the actions or steps after B. For example: "先A，然后B，再C / 接着C，最后D".

(1) 我每天6点起床，先洗脸刷牙，然后去跑步，回来半小时后再吃早饭。

(2) 做西红柿炒鸡蛋的办法是，先炒好鸡蛋，把它拿出来，接着放西红柿炒一会儿，然后再把炒好的鸡蛋放进去，最后加一点儿盐。

◆ 根据提示，用"先……然后……"完成句子：
(1) 我今天去了一趟超市，＿＿＿＿＿＿＿＿＿＿＿＿。
(2) 这个寒假我打算出国旅行，＿＿＿＿＿＿＿＿＿＿。
(3) 我昨天参加了一次面试（interview），＿＿＿＿＿＿。
(4) 去医院看病不太麻烦，＿＿＿＿＿＿＿＿＿＿＿＿。

✎ 你自己的句子：＿＿＿＿＿＿＿＿＿＿＿＿＿＿＿＿

三、现在轮到我为您点菜了。

■ "为"，介词，引进动作或行为的对象，相当于"替"或"向"。
The preposition "为" (for [someone]) indicates doing something to benefit someone or on someone's behalf, similar to "替" and "向".

(1) 祝贺你得了冠军（guànjūn, champion）！真为你高兴！
(2) 现在，我来为大家介绍一下各位来宾（láibīn, guest）。

◆ 完成句子：

(1) _____，我为他高兴！
(2) _____，我为他感到可惜。
(3) _____，为你们祝福（zhùfú, offer good wishes）！
(4) _____，总之，感谢你们为我做的一切！

✎ 你自己的句子：_____

四、由于聊得太高兴，我们错过了看电影的时间。

■ "由于"，连词，用在句首，表示原因或理由，后文是结果。
The conjunction "由于" is used at the beginning of a sentence indicating "as a result of; because of; owing to". The following clause indicates the result.

(1) 由于路上堵车，我迟到了半个小时。
(2) 由于天气太热，游泳馆里的人比平常多了一倍（bèi, times）。

◆ 完成句子：

(1) 由于天气太冷，_____。
(2) 由于大部分人都不同意这个计划，_____。
(3) 由于气候（qìhòu, climate）越来越暖和，_____。

(4) 由于＿＿＿＿＿＿＿＿＿＿，今天的航班（hángbān, filght）都取消（qǔxiāo, cancel）了。

你自己的句子：＿＿＿＿＿＿＿＿＿＿＿＿＿＿＿＿＿

综合练习 Comprehensive Exercises

一、选词填空

情形　餐馆　邻居　笑容　原因　小时候　菜单

1. 他不爱唱歌的（　　　）是觉得自己的声音不好听。
2. 看见他（　　　）满面的样子，我就知道他一定通过了面试。
3. 我的（　　　）是一位60岁的老人。
4. 这家（　　　）的生意很好，总是有很多客人。
5. 你还记得第一次当老师的（　　　）吗？
6. 他（　　　）个子很矮，现在已经1米81了。
7. 我看不懂中文（　　　），所以每次都点一样的菜。

轮　梳　待　领　催促　记得　错过　羡慕　约会　邀请

1. 一到周末，年轻人都忙着（　　　）。
2. 我的同屋一直在（　　　）我快点儿出发。
3. 我已经接受了他的（　　　），周六去参加他的婚礼。
4. 天气这么好，干吗（　　　）在屋子里？
5. 据说（jùshuō, it's said）常（　　　）头对身体好。
6. 我真（　　　）那些背包族（bēibāozú, backpacker），想去哪里就去哪里。
7. 我还（　　　）第一天打工的情形。
8. 妈妈（　　　）着孩子去动物园，孩子非常高兴。
9. 马上就要（　　　）到我演讲了，我很紧张。
10. 由于生病，我（　　　）了一场很好的音乐会。

与　温馨　看样子　惊讶　赶紧　整个　舒适　另外

1. 你发烧了！（　　　）去医院！
2. 看到我的新发型，他一脸（　　　）的样子。
3. 现在天还很晴，（　　　）今天不会下雨了。
4. 公司来两个新人，一个是男的，（　　　）一个是女的。
5. 中国（　　　）许多国家建立了外交关系。
6. 这个小屋虽然不大，却很（　　　）舒适。
7. 这种沙发很（　　　）。
8. 消息传遍 (biàn, spread) 了（　　　）城市。

二、根据课文内容，先填空，再把各句按照顺序排列成段

a.	昨天，（　　　）妻子的催促（　　　），我给妈妈打了个电话
b.	邀请她周五晚上（　　　）和我一起吃晚饭，（　　　）去看场电影
c.	因为工作和（　　　）的原因，我不常去看看她
d.	我去（　　　）的这个女人，是我妈妈

三、仿照课文，介绍一次和某人见面的经过

提示：对方和自己的关系、见面原因、见面情况、心情等等。

四、介绍一个你喜欢的饭馆、酒吧或者书店（重点介绍环境与气氛）

五、介绍一下自己的母亲或家人以及与她／他有关的小故事。

找出本课中对你最有用的5个句子，并抄写在下面

1. _____
2. _____
3. _____
4. _____
5. _____

第九课　启事、通知 与 广告
Dì-jiǔ kè　Qǐshì, tōngzhī yǔ guǎnggào

课前热身　Warming-up Exercises

1. "通知"、"启事" 与 "广告" 有什么不同？
2. 你最近看到过什么通知或启事吗？
3. 如果你的东西丢了，你会用中文写寻物启事吗？

词语　Words & Phrases

1.	辅导	fǔdǎo	名、动	tutor; give tutorials to
				他是我的辅导，每周辅导我一次汉语。
2.	本人※	běnrén	代	me; myself
3.	名	míng	量	counter for persons
				一名学生/ 一名保安
4.	将※	jiāng	副	be going to; be about to; will
5.	欲	yù	副	want; hope; wish; long (for)
				=想要
6.	寻	xún	动	to look for; search; seek
				寻找/寻物/寻人启事

7. 价格	jiàgé	名	price; value
			价格很高
8. 面议	miànyì	动	discuss face to face
			价格面议/租金面议
9. 有意	yǒuyì	副	have the intention; on purpose
			别生气，他不是有意这么做的。/有意参加这次旅行的人请和我联系。
10. 慎	shèn	形	careful; cautious
			我不慎丢了手机。/这种药心脏病人要慎用。
11. 于※	yú	介	in; at
12. 遗失	yíshī	动	lose
			遗失电脑/遗失物品
13. 手提包	shǒutíbāo	名	hand-bag
14. 护照	hùzhào	名	passport
			一本护照/办护照/护照照片
15. 物品	wùpǐn	名	article; goods
			私人物品/贵重物品
16. 拾	shí	动	to pick up
			我拾到了一个钱包。/把掉在地上的笔拾起来。
17. 速	sù	形	fast; quick; rapid
			=迅速xùnsù
18. 失主	shīzhǔ	名	owner of lost property
			手提包的失主找到了。

19. 按照※	ànzhào	介	according to	
20. 返回	fǎnhuí	动	return to; come (or go) back	
			返回某地/原路返回	
21. 地点	dìdiǎn	名	place; site; location	
			出生地点/考试地点/事故(accident)发生地点	
22. 体育馆	tǐyùguǎn	名	gymnasium; gym; stadium	
23. 提供	tígōng	动	provide; supply; offer	
			提供帮助/提供食物/提供服务	
24. 免费	miǎn fèi	动	free; gratis; free of charge	
			免费参观	
25. 行程	xíngchéng	名	route	
26. 在线	zàixiàn	动	online	
			医生可以在线回答你的问题。	
27. 报名	bào míng		enter one's name; sign up	
			报名参加活动/报名时间	
28. 含	hán	动	include; contain	
			=包含	
29. 优惠	yōuhuì	形	preferential; favorable	
			优惠的价格/学生优惠	
30. 根据※	gēnjù	介	on the basis of; according to	
31. 路线	lùxiàn	名	route; itinerary	
			旅游路线	

32. 网址	wǎngzhǐ	名	website
			你们公司的网址是什么？

专有名词

1. 内蒙古	Nèiměnggǔ	Nei Monggol, Inner Mongolia
2. 黄山	Huáng Shān	Huangshan (mountain in Anhui)
3. 西安	Xī'ān	Xi'an(city), the capital city of Shanxi Province
4. 苏杭	Sū Háng	Suzhou (city in Jiangsu Province) and Hangzhou (capital of Zhejiang Province)

词语练习 Word Exercises

回答问题：

1. 你觉得找辅导有什么好处？
2. 和你们国家比，在中国买什么东西价格比较贵，什么比较便宜？
3. 你遗失过什么重要的物品吗？
4. 你拾到过特别的东西吗？如果是，找到失主了吗？
5. 按照一般情况，你们国家的人多少岁退休 (tuìxiū, retire)？
6. 阿姆斯特朗和奥尔德林从月球返回地面时，是谁先走出太空舱的？
7. 一般来说，体育馆里提供哪些运动项目？
8. 超市里常常有免费品尝的食品，你会尝吗？为什么？
9. 你报名当过志愿者 (zhìyuànzhě, volunteer) 吗？

课文

寻辅导

　　本人是一名大四学生，明年将去日本留学，欲寻一位日本留学生辅导日语，每周2次，每次2小时。价格面议。有意者请与我联系。
电话：1362×××××××
QQ号码：08590233

联系人：李夏

寻物启事

　　本人不慎于昨日下午3点左右在303教室遗失白色手提包一个，内有护照、钱包、手机、iPod等。由于这些物品对本人十分重要，请拾到者速与本人联系，非常感谢！

失主　刘某
联系电话：1581092××××
7月9日

第九课　启事、通知与广告

活动通知

出发时间：7:10　计划返回时间：16:30

按照计划，本周六（7月5日）下午将组织全体学生去长城。不能参加者请在周五之前告诉谢老师。

出发时间：7:10；计划返回时间：16:30。

上车地点：第二体育馆前。请提前5分钟上车。

本次活动提供免费午餐。

如有问题，请与谢老师联系（1371778××××）。

旅游广告

☆北京二日游　　[行程与价格]　[在线报名]
☆京津四日游　　[行程与价格]　[在线报名]
☆内蒙古四日游　[行程与价格]　[在线报名]
☆黄山四日游　　[行程与价格]　[在线报名]
☆上海五日游　　[行程与价格]　[在线报名]
☆西安五日游　　[行程与价格]　[在线报名]
☆苏杭八日游　　[行程与价格]　[在线报名]

● 价格含四星级饭店住宿费、早餐、交通费、主要景点门票。

● 10人以上报名优惠。凭学生证九折优惠。

● 可以根据您的需要安排特别路线。[联系我们]

更多旅游路线请看网址（http://www.leyoutianxia.com）。

广告
☆北京二日游
☆京津四日游
☆内蒙古四日游
☆黄山四日游
☆上海五日游

课文练习 Text Exercises

阅读全文，然后与同伴分组准备，填写下边的表格：

启事与通知	贴通知或启事者、联系人	主要内容
(1) 寻辅导	李夏	
(2) 寻物启事	刘某	
(3) 活动通知	谢老师	
(4) 旅行通知	旅行社	

语言点 Language Points

一、本人是一名大四学生。
　　本人不慎于昨天下午3点左右遗失白色手提包一个。
　　本周六下午将组织全体学生去长城。
　　本次活动提供免费午餐。

"本"，指示代词，常用在名词或量词前。"本人"就是"我自己"，"本周六"就是"这个星期六"，"本次"就是这次。
The demonstrative pronoun "本" is most commonly used before a noun or measure word, indicating "one's own" or "this; present; current". For instance, "本人" means "我自己", "本周六" means "这个星期六", "本次" means "这次".

(1) 他是本次比赛的冠军。
(2) 明天是校庆日，欢迎本校全体师生参加庆祝活动。

◆ 用"本"改写下边的句子：

(1) 我们公司是一家中外合资的电脑公司。→

(2) 这套教材适合中级水平的学生使用。→

(3) 家住北京市的王女士给《北京日报》社打来电话。→

(4) 我是一名大二学生。→

 你自己的句子：_____

二、本人是一名大四学生，明年将去日本留学。

"将"，副词，意思与"将要"相同，表示行为或情况不久以后就会发生。

The adverb "将" (be going to; be about to; will; shall) has the same meaning as "将要", indicating that an action or situation will happen in the near future.

(1) 他们将在明年6月6号结婚。

(2) 本周六，毕业二十年的老同学将相聚在北京。

◆ 用"将"改写句子：

(1) 飞机下午三点起飞。→

(2) 下次会议会在明年夏天举行。→

(3) 如果你总是不说真话，你就会失去你最好的朋友。→

(4) 快告诉她你爱她，否则你会后悔（hòuhuǐ, regret）一辈子。→

 你自己的句子：_____

三、本人不慎于昨天下午3点左右遗失白色手提包一个。

■ "于"，介词，在这里表示"在"的意思。后边是表示时间或地点的词语或短语。

In this context, the preposition "于" (at; in; on; over) has the same meaning as "在". Combined with a noun or noun phrase, it indicates time or location.

　　(1) 飞机将于四点准时起飞。
　　(2) 各地人民代表将相会于人民大会堂。

◆ 说出下边句子的意思：
　　(1) 本人毕业于北大。
　　(2) 熊猫产于中国西南山区。
　　(3) 中华人民共和国成立于1949年。
　　(4) 本人生于四川，长在北京。

 你自己的句子：_____

四、根据vs按照

按照计划，本周六下午将组织全体学生去长城。
我们可以根据您的需要安排特别路线。

■ "按照"和"根据"都可以做介词，意思和用法都很相似，后边不跟单音节词。不过"按照"更强调依照某种标准，"根据"更强调把事物作为结论的前提或言行的基础。另外，"根据"可以做名词，表示作为论断前提或言行基础的事物。

Both "按照" and "根据" can be used as prepositions indicating "according to" or "in accordance with," and they are similar in meaning and usage. While "按照" emphasizes "in accordance with certain standards or rules", "根据" emphasizes " based on or

Dì-jiǔ kè Qǐshì, tōngzhī yǔ guǎnggào   第九课 启事、通知与广告

premised on". In addition, "根据" can also be used as a noun to mean "basis; grounds; foundation", while "按照" cannot be used as a noun.

(1) 请按照医生说的做。
(2) 根据大家的意见，我们改变了计划。
(3) 你这样说有什么根据？

◆ 用"按照"或"根据"填空：
(1) 你为什么说我拿了公司的东西？你有什么（   ）？
(2) 我很喜欢画报上的这个发型，所以让理发师（   ）这个样子给我做头发。
(3) （   ）大家的讨论，我们制订（zhìdìng, lay down; formulate）了一个新计划。

你自己的句子：_____（按照）
_____（根据）

Comprehensive Exercises 综合练习

一、选择正确的汉字组词
语（半/伴）　（价/介）格　手（题/提）包　（户/护）照
面（议/义）　体育（官/馆）　（反/返）回　提（共/供）

二、本课中有很多书面语表达法，请把它们找出来，并与口语说法比较一下
1. 本人是一名大四学生，明年将去日本留学，欲寻一位日本留学生练习日语。
2. 价格面议。

3. 有意者请与我联系。

4. 本人不慎于昨天下午3点左右在这里遗失白色手提包一个，内有护照、钱包、手机、iPod等物品。

5. 请拾到者速与本人联系。

6. 按照计划，本周六下午将组织全体学生去长城。不能参加者请提前请假。

7. 本次活动提供免费午餐。

8. 如有问题，请与谢老师联系。

9. 联系我们。

三、根据模版，参考课文内容，写一份寻物启事

寻物启事

　　本人不慎于……【时间】【地点】遗失……【物品名称】，内有……【具体内容】等物品（可以不写）。由于【原因或者心情】，请拾到者速与本人联系，非常感谢（或：必有重谢zhòngxiè）！

　　　　　　　　　　　　失主
　　　　　　　　　　　　联系电话：
　　　　　　　　　　　　(时间)

你的启事：

寻物启事

四、搜集你身边的通知、启事或广告，记录主要信息，与大家分享

找出本课中对你最有用的5个句子，并抄写在下面

1. _____
2. _____
3. _____
4. _____
5. _____

第十课 看 标牌 学 汉语
Dì-shí kè   Kàn biāopái xué Hànyǔ

课前热身 Warming-up Exercises

1. 学汉语有哪些好方法？
2. 你注意过街上的标牌吗？可以说说你的印象吗？

词语 Words & Phrases

1. 标牌	biāopái	名	signboard; logo	
2. 另	lìng	代	other, another	
			另外/另一个/另有安排	
3. 爱好	àihào	名	interest; hobby	
			我的爱好是游泳。/打球是我的第一爱好。	
4. 摄影	shèyǐng	动、名	take a photograph; photograph	
			我喜欢摄影。/他是摄影爱好者。	
5. 不论※	búlùn	连	no matter(what, who, how, etc.); whether...or	
6. 相机	xiàngjī	名	camera	
			照相机/数码 (shùmǎ, digital) 相机	

7. 产生	chǎnshēng	动	give rise to; bring about
			产生兴趣/产生爱情（àiqíng, love between a man and woman）
8. 纪念	jìniàn	动、名	commemorate; mark; souvenir
			纪念品/他写了一部小说纪念自己的妻子。
9. 电脑	diànnǎo	名	computer
			一台电脑/电脑公司
10. 美好	měihǎo	形	desirable; fine; happy; pretty
			美好的回忆
11. 光临	guānglín	动	presence (of a guest, etc.)
			欢迎光临/谢谢光临
12. 一路平安	yí lù píng'ān		have a pleasant journey; bon voyage
			祝你一路平安！
13. 请勿	qǐngwù		please don't
			请勿入内。
14. 打扰	dǎrǎo	动	disturb
			请勿打扰。/对不起，打扰你了。
15. 楼梯	lóutī	名	stairs; stairway
			上楼梯/下楼梯
16. 安全带	ānquándài	名	safety belt
			请系好安全带
17. 绕	rào	动	detour; go around; bypass
			绕过去/前方在修路，我们得绕行。
18. 禁止	jìnzhǐ	动	prohibit; ban; forbid
			禁止入内

19. 吸烟	xīyān	动	to smoke
			请勿吸烟/禁止吸烟/吸烟区
20. 忍	rěn	动	restrain oneself
			忍不住
21. 森林	sēnlín	名	forest
			一片森林
22. 份	fèn	量	used for a set of things; also for newspaper and document
			一份礼物/一份报纸
23. 安全	ānquán	形、名	safe; safety
			安全⟷危险
24. 节约	jiéyuē	动	save; economize
			节约时间/节约用水/节约用电/他是一个节约的人。
25. 植物园	zhíwùyuán	名	botanical garden
26. 提示	tíshì	动	point out; remind
			语音提示/还有5分钟的时候请提示我一下。
27. 钓鱼	diàoyú	动	go fishing
			他今天去钓鱼了,钓了很多鱼。
28. 滑冰	huábīng	动	to skate
			我喜欢滑冰。/滑了一会儿冰

词语练习 Word Exercises

回答问题:

1. 你有什么<u>爱好</u>?

Dì-shí kè　Kàn biāopái xué Hànyǔ

第十课　看标牌学汉语

2. 你对摄影感兴趣吗？

3. 你喜欢用数码相机照相吗？为什么？

4. 如果你要回国了，你打算买什么纪念品？

5. 什么时候说"一路平安"？

6. 你要去四楼，如果有楼梯，也有电梯（diàntī, lift），你选择哪一个？

7. 在什么地方可以看见"请勿打扰"这四个字？

8. 什么时候需要系（jì, to tie）安全带？

9. 你喜欢吸烟吗？你同意完全禁烟吗？

10. 中国人常说"忍"字，你怎么理解这个字？

11. "节约"的反义词是什么？

课　文

阅读课文，回答问题：

　　刚到中国的时候，听到的是汉语，看到的是汉字，很不习惯。可是现在，在中国待了快一个月了，我已经喜欢上了看汉语、说汉语、用汉语的生活。在这一个月里，我除了上课学汉语以外，常常参加学校组织的活动，更多的时候是出去走走看看，因为我觉得老师说得对，要"一个眼睛看课本，另一个眼睛看中国"。

　　我的爱好是摄影，所以不论走到哪里都带着相机。我拍了很多风景照片和人物照片。在北京的这段日子里，我尤其对汉语标牌产

1. "我"刚来中国的时候对什么不习惯？

2. "我"在这一个月里常常做什么？

3. 老师说的那句话是什么意思？

4. "我"有什么爱好？

生了兴趣，所以拍了不少这样的照片。

　　下边这些就是我拍的标牌，其中一些是在校园里、公园里或者地铁站拍的。它们一方面可以帮助我学汉语，另一方面可以留做纪念。我相信，等我回国以后，有空儿的时候，打开电脑看看，一定会是一种美好的享受。

5. 在中国的时候"我"拍了很多什么照片？

6. "我"拍标牌有什么好处？

请把标牌上的汉字抄写在下面，并说说它们的大概意思：

欢迎光临
一路平安

请勿打扰

Dì-shí kè Kàn biāopái xué Hànyǔ

第十课 看标牌学汉语

楼梯请慢行

请系好安全带

小草微微笑
请您旁边绕

禁止吸烟

您忍一忍,森林就多一份安全。

请您接受安检

Dì-shí kè　Kàn biāopái xué Hànyǔ

第十课　看标牌学汉语

节约用电

请勿停放自行车

北京植物园向您提示：水深危险，禁止游泳。禁止钓鱼，禁止滑冰。

109

语言点 Language Points

一、我的爱好是摄影，所以不论走到哪里都带着相机。

■ "不论……都……" 表示在任何情况下，情况或结论都不会改变。"不论"后面往往有并列关系的短语或表示任指的疑问代词。

"不论……都……" signifies that the situation or conclusion will remain the same under any circumstances. "不论" is often followed by an alternative compound or an indefinite interrogative pronoun.

(1) 苹果不论大小，都是5块一斤。
(2) 不论天气好不好，我们都得按时出发。
(3) 不论他走到哪里，都会给母亲寄一张当地的明信片。
(4) （电话铃响）父亲：不论谁来电话，都说我不在家。
    （儿子接电话）儿子：喂，我爸说他不在家。

◆ 用"不论……都……"完成句子：
(1) 这些衣服不论大中小号，_____。
(2) 不论困难有多大，_____。
(3) 不论父母同意不同意，_____。
(4) 不论你说什么，_____。
(5) 不论发生什么事，_____。

✎ 你自己的句子：_____

二、在北京的这段日子里，我尤其对汉语标牌产生了兴趣。

■ "尤其"，副词，表示经过比较，下面所说的意思更进一步。相当于副词"特别"，有时后边用"是"。

The adverb "尤其" (in particular; especially) is used to single out one among a range, similar to the adverb "特别". It can be followed by "是" when comparing nouns.

(1) 我非常喜欢紫色，尤其是淡紫色。
(2) 他喜欢吃火锅，尤其喜欢四川麻辣火锅。

◆ 用"尤其"完成句子：
(1) 我爱唱歌，_____。
(2) 我不喜欢照相，_____。
(3) 我喜欢看京剧，_____。
(4) 杭州的景色很美，_____。
(5) 烤鸭很好吃，_____。

你自己的句子：_____

三、下边这些就是我拍的标牌，其中一些是在校园里或者地铁站里拍的。

"其中"表示"在前边提到的人或事里面"。不能用在名词后面。

"其中" means "among, of, or in which" ("其" refers to something or some people mentioned earlier). It cannot be placed behind a noun.

(1) 杭州的风景很美，其中最美的是西湖。
(2) 我收到过很多生日礼物，其中最难忘的是妈妈送我的一本书，里边记录着从我出生到我16岁的故事。

◆ 用"其中"回答问题：
(1) 你觉得学汉语什么方面最难？

(2) 你去过哪些地方旅行？最喜欢哪里？

(3) 你收到的最有意义的生日礼物是什么？

(4) 你觉得"健康"的意义（yìyì, meaning; sense）是什么？最重要的方面是什么？

 你自己的句子：＿＿＿＿＿＿＿＿＿＿＿＿＿＿＿＿

四、它们一方面可以帮助我学汉语，另一方面可以留作纪念。

■ "一方面A，另一方面B"，连接并列的两种情况或一个事物的两个方面。A和B可以是并列关系，也可以是相对或相反的关系。

The pattern "一方面A，另一方面B" juxtaposes two situations, ideas, or aspects of a certain thing. A and B can be semantically coordinate, contrastive, or opposite.

(1) 找语伴有很多好处，一方面可以练习汉语，另一方面可以认识中国朋友。

(2) 妻子出国了，他一个人照顾孩子，一方面是父亲，另一方面也是母亲。

◆ 用"一方面……另一方面……"回答问题：

(1) 你为什么来中国学汉语？

(2) 你为什么选择夏天去旅行？

(3) 你觉得医生这个职业怎么样？

(4) 你喜欢参加旅行社组织的旅游吗？为什么？

 你自己的句子：＿＿＿＿＿＿＿＿＿＿＿＿＿＿＿＿

Dì-shí kè　Kàn biāopái xué Hànyǔ　　第十课　看标牌学汉语

Comprehensive Exercises　综合练习

一、选择恰当的词语完成句子

1. 摄影是我的第一爱好，（别/另）一个爱好是钓鱼。
2. 压力（出生/产生）于人的内心。
3. 回国之前我买了很多（记得/纪念）品。
4. 这里给我留下了很多（美好/美）的回忆。
5. 欢迎（到来/光临）！
6. 开始登机了，祝您（一路顺风/一路平安）！
7. 电梯坏了，请走（楼梯/楼上）。
8. 请（别/勿）在此照相。
9. （烦恼/打扰）你一下，请问这里是经理办公室吗？
10. 前边有些堵车，咱们赶紧（离/绕）道走吧！
11. （禁止/停止）吸烟。
12. 肚子太疼了，他（忍不住/受不了）叫起来。
13. （树木/森林）里有很多野生（yěshēng，wild）动物。
14. 父母对孩子的这（个/份）爱是任何（rènhé，any）人也无法代替（dàitì，replace）的。
15. 他的弟弟从来都很（浪费/节约），可是哥哥却总是大手大脚（dàshǒudàjiǎo，wasteful, extravagant）。
16. "请选择（提示/表示）语言的种类（zhǒnglèi，type），1为普通话（pǔtōnghuà，putonghuama, Mandarin），2为英语。"

二、组句成段（将序号写在前边的方格内）

□ 刚到中国的时候
□ 要"一个眼睛看课本，另一个眼睛看中国。"
□ 听到的是汉语，看到的是汉字，很不习惯
□ 因为我觉得老师说得对

113

☐ 常常参加学校组织的活动，更多的时候是出去走走看看

☐ 可是现在，在中国待了快一个月了，我已经喜欢上了看汉语、说汉语、用汉语的生活

☐ 在这一个月里，我除了上课学汉语以外

三、填上恰当的汉字

1. 欢迎（　　　）临。
2. 一（　　　）平安。
3. 请（　　　）打扰。
4. 楼梯请慢（　　　）。
5. 请（　　　）好安全带。
6. 小草微微笑，请您旁边（　　　）。
7. 禁（　　　）吸烟。
8. 您忍一忍，森林就（　　　）一份安全。
9. 请您接（　　　）安检。
10. （　　　）约用电。
11. 请（　　　）停放自行车。
12. 北京植物园向您提示：水（　　　）危险。禁止游泳，禁止（　　　）鱼，禁止（　　　）冰。

四、观察与实践：走出课堂，寻找标牌，拍照或者抄写下来，在课堂上与大家分享

Dì-shí kè　Kàn biāopái xué Hànyǔ　　第十课　看标牌学汉语

找出本课中对你最有用的5个句子，并抄写在下面

1. _____
2. _____
3. _____
4. _____
5. _____

第十一课　永远 的 茉莉花
Dì-shíyī kè　Yǒngyuǎn de mòlìhuā

课前热身　Warming-up Exercises

1. 你会唱什么中国歌？
2. 你喜欢民歌还是流行歌曲？
3. 听说过《茉莉花》这首歌吗？

词语　Words & Phrases

1. 茉莉花	mòlìhuā	名	jasmine	
			茉莉花很香。/茉莉花茶很好喝。	
2. 朵	duǒ	量	used for flowers, clouds, etc.	
			一朵花/一朵云	
3. 芬芳	fēnfāng	形	fragrant; sweet-smelling	
4. 枝桠	zhīyā	名	branch; twig	
5. 将※	jiāng	介	used for introducing object of main verb	
6. 摘	zhāi	动	pick; pluck; take off	
			摘苹果/摘下来/别摘花！	

116

7. 首	shǒu	量	used for poems or songs	
			一首歌/一首诗	
8. 民歌	míngē	名	folk song	
			=民间歌曲（gēqǔ, songs）	
9. 叫做※	jiàozuò	动	be called; be known as	
10. 有心	yǒuxīn	形	set one's mind on; intentionally	
			他有心邀请你参加晚会，你就接受吧。	
11. 旁人	pángrén	名	other people; bystanders	
12. 笑话	xiàohua	名、动	a joke; laugh at; to joke	
			说一个笑话/闹笑话/笑话sb.	
13. 的确※	díquè	副	indeed; really; certainly	
14. 优美	yōuměi	形	graceful; fine	
			优美的舞蹈/优美的歌声/动作（dòngzuò, movement; action）很优美	
15. 动听	dòngtīng	形	fine-sounding; pleasant to listen to	
			鸟的叫声很动听/美人鱼（mermaid）的歌声很动听	
16. 流传	liúchuán	动	spread; be made known extensively	
			这个故事流传了很多年。/这是一个在民间流传很广（guǎng, broad wide）的故事。	

17. 鲜花	xiānhuā	名	fresh flowers; flowers
			一束鲜花/台上摆满了鲜花。
18. 本来	běnlái	形、副	original; originally
			本来的情况/本来的计划/我本来打算去云南，现在改变了计划。
19. 出版	chūbǎn	动、名	publish; come off the press
			这本书是去年出版的。/出版社
20. 游记	yóujì	名	travel notes; travels
			西游记/马可·波罗游记
21. 著名	zhùmíng	形	famous; celebrated; well-known
			著名的人物/著名的小说/这首乐曲很著名。
22. 歌剧	gējù	名	opera
			意大利歌剧/歌剧院
23. 大师	dàshī	名	great master
			京剧大师/艺术大师
24. 创作	chuàngzuò	动	create; produce; write
			创作歌曲/创作小说
25. 主题	zhǔtí	名	main contents; theme; subject
			文章主题/会议主题/电影主题音乐
26. 获得	huòdé	动	gain; acquire
			获得成功
27. 从此※	cóngcǐ	连	from this time onwards; from then on

Dì-shíyī kè Yǒngyuǎn de mòlìhuā 第十一课　永远的茉莉花

| 28. 飘 | piāo | 动 | blow or drift about; flutter (in the air) |
| | | | 蓝天上飘着白云。/头发被风吹得飘起来。 |

专有名词

1. 狗不理	Gǒubùlǐ	Tianjin "Goubuli" dumpling restaurant
2. 龙井茶	Lóngjǐngchá	Longjing tea
3. 明代	Míng Dài	The Ming Dynasty
4. 江苏	Jiāngsū	Jiangsu province
5. 扬州	Yángzhōu	Yangzhou (city in Jiangsu Province)
6. 何仿	Hé Fǎng	name of a Chinese musician
7. 普契尼	Pǔqìní	Giacoma Puccini
8. 图兰朵	Túlánduǒ	Turandot

Word Exercises　词语练习

回答问题：

1. 你喜欢茉莉花的香味吗？
2. "一束花"、"一朵花"、"一枝花"有什么不同？
3. 你会唱几首中国民歌？
4. 我们把特别喜欢抽烟的人叫做什么？
5. 介绍一个在你们国家民间流传的故事。
6. 你觉得最优美动听的音乐是什么？
7. 你喜欢鲜花还是人工（réngōng，artifical; man-made）制作的花？为什么？
8. 旅行时或者之后你喜欢写游记吗？为什么？

9. 世界著名的歌剧有哪些？
10. 奥运会（Àoyùnhuì，Olympic Games）的主题是什么？
11. 一个人要想获得成功，最重要的条件（tiáojiàn, factor）是什么？

课文 Text

阅读课文，回答问题：

"好一朵美丽的茉莉花，好一朵美丽的茉莉花，芬芳美丽满枝桠，又香又白人人夸，让我来将你摘下，送给别人家，茉莉花啊茉莉花。"

1. 这段歌词的主要意思是什么？

如果你在中国待过不短的时间，就一定知道这首非常有名的中国民歌，叫做《茉莉花》，就像来过北京的人一定会知道烤鸭，去过天津的人一定知道"狗不理"，去过杭州的人一定知道龙井茶。

2. 天津什么有名？杭州什么有名？

如果你在中国待的时间更长一些，你就会发现《茉莉花》还有另外一种唱法：

"好一朵茉莉花，好一朵茉莉花，满园花开香也香不过它。我有心摘一朵戴，又怕旁人笑话。"

《茉莉花》的唱法的确不止一种。由于它优美动听，所以流传到全国很多地方，在流传中又发生了变化，出现了很多种不同唱法。

3. 《茉莉花》的两种歌词里有什么内容是相同的？

第十一课 永远的茉莉花

茉莉花

《茉莉花》最早产生于明代的江苏扬州，原来的歌名是《鲜花调》。本来有三段歌词，唱的是三种花。1942年，一位叫何仿的音乐家发现了这首歌。后来，他把这首歌的歌词改成只唱茉莉花一种花，歌名就叫做《茉莉花》。

4. 茉莉花至少有几种唱法？为什么会有不同唱法？

5.《茉莉花》是被谁发现的？它最早的名字叫什么？

《茉莉花》也是中国流传到国外的第一首民歌。它最早记载于1804年在英国出版的《中国游记》（Travels in China）。1924年，世界著名歌剧大师普契尼（1858—1924）在创作《图兰朵》时，就用《茉莉花》作为主题音乐。1926年，《图兰朵》在意大利演出获得了成功。从此，《茉莉花》的芬芳飘向了世界，也让更多的人认识了中国。

6.《茉莉花》是怎么流传到世界的？

语言点 Language Points

一、让我来将你摘下，送给别人家。

■ "将"在这里是介词，表示对人或事物的处置，和"把"意思相同。多用于书面语。

The preposition "将" indicates the disposal of a person or thing. It has the same meaning as "把", but is more often used in written Chinese.

（1）离开房间之前请将门窗关好！

（2）这份文件（wénjiàn, file）很重要，请立刻将它送到经理办公室。

◆ 用"将"改写句子：

（1）我不想再回忆这些不愉快的事了，我要把它们全部忘记。→

（2）大家都不忍心把这个坏消息告诉他。→

(3) 电影就要开始了，请关闭手机或把它调（tiáo, adjust）成静音。→

 你自己的句子：_____

二、这首非常有名的中国民歌，叫做《茉莉花》。
后来，他把这首歌的歌词改成只唱茉莉花一种花，歌名就叫做《茉莉花》。

■ "叫做"，动词，表示"(名称) 是"、"称为"的意思。常用句式是"把……叫做……"。
The verb "叫做" means "be called/named/known as". The most common sentence structure is "把……叫做……".

(1) 这种茶叫做茉莉花茶。
(2) 我们把昆明叫做"春城"。

◆ 用"叫做"连接对应的词语，并补充成完整句子：
① 写小说的人　　　　a. 高手
② 离不开酒的人　　　b. 酒鬼
③ 水平高的人　　　　c. "非典"
④ 过生日的人　　　　d. 作家
⑤ SARS　　　　　　　e. 寿星

 你自己的句子：_____

三、《茉莉花》的唱法的确不止一种。

■ "的确"，副词，表示"完全确实"、"实在"。有肯定某种说法的含义。
The adverb "的确" means "certainly", "indeed", "really," indicating agreement with or confirmation of a statement.

(1) 甲：这种水果很好吃，你也尝尝吧。乙：嗯，的确好吃！
(2) 他的确没学过西班牙语。

◆ 用"的确"改写句子：
(1) 这里的冬天真的很冷。→
(2) 听说他是一个很热情的人，今天我们见了一面，真的是这样。→
(3) 跟中国人聊天确实是一个提高口语水平的好方法。→
(4) 养宠物确实需要耐心和爱心。→

 你自己的句子：_____

四、《茉莉花》的唱法的确不止一种。

■ "不止"，动词，表示超出某个数目或范围。后边常跟数量词。
The verb "不止" indicates beyond a certain number or amount. It is often followed by a numeral and measure word.

(1) 这个演员的年龄不止四十岁，可是看起来只有三十多。
(2) 这个房间不止六十平方米。
(3) 不止一个人说看见过飞碟（fēidié, UFO）。

◆ 用"不止"改写句子：
(1) 参加比赛的运动员至少有1000个。→
(2) 电话铃响了好几次，他都没有听见。→
(3) 这样的情况已经出现过好几次了。→

 你自己的句子：_____

五、1926年，《图兰朵》在意大利演出获得成功。从此，
《茉莉花》的芬芳飘向了世界。

- "从此"，副词，意思是"从这个时候起"。多用于书面或正式口语体。
  The adverb "从此" means "from this moment on", "from now on", or "henceforth". It is often used in written or formal spoken Chinese.

(1) 前年他去了一趟云南，在那里住了一个月，从此他就爱上了那里。

(2) 1949年，毛泽东宣布（xuānbù, announce, declare）："中华人民共和国成立了！中国人民从此站起来了！"

◆ 完成句子：

(1) ＿＿＿＿＿＿＿＿＿＿＿＿＿＿＿，从此，他再也不抽烟了。

(2) ＿＿＿＿＿＿＿＿＿＿＿＿＿＿＿，从此，我们失去了联系。

(3) ＿＿＿＿＿＿＿＿＿＿＿＿＿＿＿，从此，交通更方便了。

(4) ＿＿＿＿＿＿＿＿＿＿＿＿＿＿＿，从此，两个公司建立了合作（hézuò, cooperation）关系。

你自己的句子：＿＿＿＿＿＿＿＿＿＿＿＿＿＿＿

Comprehensive Exercises 综合练习

一、选词填空

夸　摘　首　优美　笑话　成功　著名　流传
创作　有心　主题　出版　本来　的确　歌剧

1.《茉莉花》是一（　　）流传很广的中国民歌。

125

2. 人人都（　　）他是个好老板。

3. 这么漂亮的鲜花应该留给游人看，千万别（　　）下来。

4. 虽然大家（　　）帮助他，可是他不愿意接受任何帮助。

5. 刚学汉语的时候我说错，怕被（　　），所以总是不敢和别人对话。

6. 听说海南是天然（tiānrán，natural）"氧吧（yǎng bā，oxyen bar）"，我今年冬天去了一趟，（　　）是这样。

7. "白雪（Snow White）公主"的故事（　　）到了全世界。

8. 太极拳的动作很（　　），而且打太极拳对身体很有好处。

9. 他（　　）对摄影不感兴趣，后来受朋友的影响（yǐngxiǎng，influence；effect），变成了摄影爱好者。

10. 这套书一（　　）就受到年轻读者的欢迎。

11. 张艺谋（Zhāng Yìmóu）是世界（　　）导演。

12. 《图兰朵》是世界著名（　　）。

13. J.K.罗琳（Joanne Kathleen Rowling）（　　）的《哈利·波特》（Harry Potter）非常受欢迎。

14. 这次会议的（　　）是"中外文化交流"。

15. 好的开始是（　　）的一半。

二、用提示词语或句式简单介绍一下与《茉莉花》有关的内容

首、民歌、叫做、流传、不止、产生、本来、创作、将、从此

三、介绍一首你喜欢的中国歌曲或你们国家的著名歌曲

提示：歌名、歌词内容、创作者、演唱者、流传情况等

Dì-shíyī kè Yǒngyuǎn de mòlìhuā

第十一课　永远的茉莉花

找出本课中对你最有用的5个句子，并抄写在下面

1. _____
2. _____
3. _____
4. _____
5. _____

第十二课　颐和园
Dì-shí'èr kè　Yíhéyuán

课前热身　Warming-up Exercises

1. 中国有哪些名胜古迹？你都去过哪里？最喜欢哪里？
2. 关于颐和园，你知道什么？

词语　Words & Phrases

1. 之一	zhīyī	名	one of (sth); one out of a multitude	
			中国是历史悠久（yōujiǔ, long-standing）的国家之一。	
2. 公元	gōngyuán	名	A.D.	
			公元前（BC）	
3. 皇家	huángjiā	名	imperial family or house; royal	
4. 园林	yuánlín	名	gardens; park; landscape garden	
			一座园林/苏州园林很有名。	
5. 行宫	xínggōng	名	an imperial palace for short stays away from the capital	
6. 战火	zhànhuǒ	名	flames of war	

第十二课　颐和园

7. 破坏	pòhuài	动	destroy; wreck (buildings, etc.)
			破坏环境/破坏建筑/破坏两国关系
8. 占※	zhàn	动	constitute; hold; make up
9. 面积	miànjī	名	area; square measure
			这个房间的面积有多大？/房屋面积/建筑面积/森林面积
10. 约	yuē	副	around; about; or so
			=大约
11. 平方米	píngfāngmǐ	量	square meter
			我家的阳台大约有4平方米。
12. 行政	xíngzhèng	名	administration; the executive
13. 区	qū	名	district; part
			地区/小区/湖区/山区
14. 包括	bāokuò	动	include; consist of
			这篇文章包括三个部分。/房租不包括水电费。
15. 象征	xiàngzhēng	动、名	symbolize; signify; symbol
			天安门是北京的象征。/红色象征幸福。
16. 以……为……※	yǐ...wéi...		take...as...; consider...to be...
17. 建筑	jiànzhù	动、名	build; building
			一座建筑/古代建筑/建筑师

18. 构成	gòuchéng	动	constitute; compose; structure
			这台机器由三部分构成。
19. 中轴线	zhōngzhóuxiàn	名	central axis
			一条中轴线/一道中轴线
20. 主体	zhǔtǐ	名	centerpiece; main body; main part
			A是B的主体部分
21. 蓝本	lánběn	名	source material; model
			以…为蓝本
22. 列入	lièrù	动	be listed/ placed/ included in
			把A列入…/A被列入…
23. 规模	guīmó	名	scale; scope; extent
			规模很大/很有规模
24. 保存	bǎocún	动	preserve; conserve; keep
			保存纪念品/把…保存好
25. 完整	wánzhěng	形	thorough; integral; unabridged
			完整的故事/一个完整的蛋糕被切成六块
26. 遗产	yíchǎn	名	legacy; heritage
			父亲给他留下了很多遗产/世界遗产公园
27. 名录	mínglù	名	roster; roll

专有名词

1. 颐和园	Yíhéyuán	The Summer palace
2. 乾隆	Qiánlóng	Qianlong, title of the fourth emperor's reign in Qing Dynasty
3. 清漪园	Qīngyī Yuán	The Garden of Clear Ripples

Dì-shí'èr kè Yíhéyuán   第十二课 颐和园

4. 清代	Qīng Dài	Qing Dynasty
5. 万寿山	Wànshòu Shān	The Longevity Hill
6. 昆明湖	Kūnmíng Hú	The Kunming Lake
7. 佛香阁	Fóxiāng Gé	The Tower of the Fragrant Buddha
8. 西湖	Xīhú	West lake, a famous lake in Hangzhou
9. 十七孔桥	Shíqīkǒngqiáo	The Seventeen Arches Bridge
10. 长廊	Chángláng	the Long Corridor
11. 吉尼斯世界纪录	Jínísī shìjiè jìlù	Guinness World Records

词语练习 Word Exercises

回答问题：

1. 你看过苏州园林吗？如果看过，有什么印象？

2. 公元前221年秦始皇（Qínshǐhuáng, the founding emperor of the Qin dynasty）统一了中国，你知道他统一中国后做了哪些事吗？

3. 圆明园（Yuánmíngyuán, an imperial palace）是在战火中被破坏的，有人建议（jiànyì, suggest）把它按照原来的样子重建，你有什么看法？

4. 你每个月吃饭的钱约占生活费的百分之多少？

5. 你希望住面积是多少平方米的房子？

6. 你知道中国的高考（gāokǎo, college entrance examination）包括哪些科目（kēmù, course, subject）吗？

7. 你喜欢中国的古代建筑还是现代建筑？为什么？

8. 你对女人结婚后以家庭为中心怎么看？

9. 你觉得什么可以作为你们国家的象征？

10. 你知道在北京的中轴线上有哪些建筑吗？

11. 你知道还有什么名胜古迹被列入了世界遗产名录吗？

课　文　Text

阅读课文，回答问题：

颐和园是中国四大名园*之一，始建于公元1750年（清乾隆十五年），原名为"清漪园"，是清代皇家园林和行宫。1860年在战火中被破坏，1888年重建，改名为"颐和园"。

颐和园占地面积约270万平方米，其中水面约占四分之三。全园分为行政区、生活区和风景游览区三部分。风景游览区主要包括万寿山和昆明湖两部分。

万寿山上的佛香阁是颐和园的象征。以它为中心的建筑群，构成了一条中轴线，

1. 颐和园是什么时代建的？

2. 颐和园里水面占多少？
3. 颐和园风景游览区主要包括哪两部分？
4. 颐和园的象征是什么？

Dì-shí'èr kè　Yíhéyuán

第十二课　颐和园

是颐和园的<u>主体</u>部分。

在万寿山南边的昆明湖，是<u>以杭州西湖</u>为<u>蓝本</u>建造的。去过西湖的人一定能找到很多熟悉的感觉。

昆明湖上还有一座<u>十七孔桥</u>，桥宽8米，长150米，是园中最大的石桥，石桥两边有500多只样子不同的石狮子。

5. 颐和园的主体部分是什么？

6. 昆明湖有什么特点？

7. 十七孔桥上有什么特别的东西？

万寿山下，昆明湖边，有一条728米的长廊，长廊上有8000多幅画，内容包括山水风景、花鸟鱼虫、历史故事等。作为"世界第一长廊"，它已被列入吉尼斯世界纪录。

8. 长廊为什么被列入吉尼斯世界纪录？

颐和园是中国规模最大、保存最完整的古代园林，1998年被列入世界遗产**名录。

9. 颐和园为什么被列入世界遗产名录？

注释：*中国四大名园：北京的颐和园，承德（Chéngdé）的避暑山庄（Bìshǔ shānzhuāng, Mountain Resort），苏州的拙政园（Zhuōzhèngyuán, The Humble Administrator's Garden），苏州的留园（Lingering Garden）。

**世界遗产（World Heritage）：为了保护世界文化和自然遗产，联合国教科文组织于1972年正式通过了《保护世界文化和自然遗产公约》。1976年，世界遗产委员会成立，并建立了《世界遗产名录》。世界遗产包括："世界文化遗产（含文化景观）"、"世界自然遗产"、"世界文化与自然双重遗产"三类。

Language Points 语言点

一、清漪园1860年在战火中被破坏。
　　长廊已被列入吉尼斯世界纪录。
　　颐和园1998年被列入世界遗产名录。

> "A被（B）+V.+……"是一个常见句式。介词"被"用于被动句，引进动作的发出者（B），前面的主语A是动作的对象（B放在"被"字后，但有时省略）。
> "A被B +V. +..." is a common sentence structure. The preposition "被" is used in a passive sentence to introduce B, the agent of an action. The subject A is the recipient of the action. (B is placed after "被", but sometimes can be omitted.)

（1）果汁被我一口气喝光了。
（2）花钱不知道计划，不知道节约，到月底时钱已花完的一类人被叫做"月光族"。

　　◆ 用"被"改写句子：
　　　（1）哥哥把弟弟的电脑借走了。→
　　　（2）这场大火把森林破坏了。→
　　　（3）我把他当做最好的朋友。→
　　　（4）我们把总是喜欢待在网上的人叫做"网虫"。→

　　你自己的句子：_____

二、颐和园原名为"清漪园"。
　　1888年重建，改名为"颐和园"。
　　全园分为行政区、生活区和风景游览区三部分。

■ "为"，动词，在第一句中的意思是"是"，第二、三句中是"变成"、"成为"的意思。"为"后边的中心语为名词或名词性短语。
In the first sentence, the verb "为" means "是" (to be). In the second and third sentences, it means "变成" or "成为" (to turn into; to become) and must be followed by a noun or a noun phrase.

　　(1) 60分钟为一小时。
　　(2) 我们选他为班长。
　　(3) 熊猫被称为中国的国宝。

◆ 用"为"改写句子：
　　(1) 我们推荐（tuījiàn，to recommend）他当我们的代表。→
　　(2) 以前这里是条小路，现在已经变成了高速公路。→
　　(3) 有这样一种人，他们总是在事情解决之后才想出解决问题的办法，我们把这样的人叫做"事后诸葛亮（Zhūgě Liàng）"。→

 你自己的句子：_____

三、颐和园占地面积约270万平方米，其中水面约占四分之三。

■ "占"是动词，前一个意思是"占据"，后一个意思是"表示处在某一种地位或属于某一种情形"。
"占" is a verb. In this sentence, the first "占" means "to occupy". The second means "to hold a certain position" or "to account for a certain part".

(1) 同意（tóngyì, to agree）的人占多数，不同意的占少数。
(2) 我们班男女生人数各占一半。
(3) 中国人口占世界人口的五分之一。

◆ 用"占"问答：
(1) 你自己做饭的次数多还是在外边吃饭的次数多？
(2) 你手洗衣服的次数多还是用洗衣机的次数多？
(3) 你觉得科学家是男性多还是女性多？

 你自己的句子：_____

四、以它（佛香阁）为中心的建筑群，构成了一条中轴线。在万寿山南边的"昆明湖"，是以杭州西湖为蓝本建的。

■ "以A为B"是一种常用句式，相当于"把A当做B""把A作为B"。常用于书面。
"以A为B" is a common sentence structure, similar to "把A当做B" and "把A作为B". It is often used in written Chinese.

(1) 北京城是以天安门为中心的。
(2) 中国的南北方以淮河（Huáihé, Huai River）为界（jiè, boundary）。

◆ 谈谈你的看法：
(1) 现在很多父母都是以孩子为中心，对于这种现象，你有什么看法？
(2) 关于教学，有一种说法叫做"以学生为中心，以教师为主导（zhǔdǎo, leading factor; guiding）"，你怎么看？

综合练习 Comprehensive Exercises

一、选词填空

面积　遗产　破坏　建筑　规模　公元　中轴线
保存　包括　象征　完整　之一　构成　平方米

1. 《红楼梦》(A Dream in Red Mansions) 是中国四大名著（　　　）。
2. （　　　）前221年，秦始皇统一了中国。
3. 战火中，人们的家园 (homeland) 被（　　　）。
4. 中国的（　　　）约960万平方公里。
5. 我的房间虽然只有20（　　　），但是又温馨又舒适。
6. 房租一个月2500，（　　　）水电费。
7. 奥运会之后，"鸟巢" (Niǎocháo, bird nest) 和"水立方" (Shuǐlìfāng, water cube) 成为北京的著名（　　　）。
8. 鸽子 (gēzi, pigeon) 是和平的（　　　）。
9. 现在的很多家庭都是三口之家，由爸爸、妈妈和孩子（　　　）。
10. 奥林匹克公园在北京的（　　　）上。
11. 奥运会是全世界（　　　）最大的体育盛会 (shènghuì, distinguished gathering)。
12. 草莓 (cǎoméi, strawberry) 不容易（　　　），买了就赶紧吃，不要老放在冰箱里。
13. 这首歌（　　　）的歌词应该有三段 (duàn, paragraph)，可惜我只记住了两段。
14. 爷爷去世 (qùshì, to die) (only used for the death of an adult) 后，给孙子留下了一大笔 (measure word, amount of money)（　　　）。

138

二、请用提示词语或短语介绍一下颐和园

之一、始建于、被破坏、重建、改名为、占地面积、约、平方米、其中、占、分之、包括、象征、以……为中心、以……为蓝本、包括、列入

三、介绍一个你喜欢的名胜古迹，包括它的名字、位置、历史、主要景点、特点等等

至2010年8月，中国已有41处自然文化遗址和自然景观列入《世界遗产名录》，其中文化遗产25项，自然遗产8项，文化和自然双重遗产4项，文化景观4项。它们分别是：

1. 周口店北京人遗址 1987.12（文化遗产）
2. 甘肃敦煌莫高窟 1987.12（文化遗产）
3. 山东泰山 1987.12（文化与自然双重遗产）
4. 长城 1987.12（文化遗产）
5. 陕西秦始皇陵及兵马俑 1987.12（文化遗产）
6. 明清皇宫：北京故宫（北京）1987.12、沈阳故宫（辽宁）2004.7（文化遗产）
7. 安徽黄山 1990.12（文化与自然双重遗产）
8. 四川黄龙国家级名胜区 1992.12（自然遗产）
9. 湖南武陵源国家级名胜区 1992.12（自然遗产）
10. 四川九寨沟国家级名胜区 1992.12（自然遗产）
11. 湖北武当山古建筑群 1994.12（文化遗产）
12. 山东曲阜的孔庙、孔府及孔林 1994.12（文化遗产）
13. 河北承德避暑山庄及周围寺庙 1994.12（文化遗产）
14. 西藏布达拉宫（大昭寺、罗布林卡）1994.12（文化遗产）
15. 四川峨眉山—乐山风景名胜区 1996.12（文化与自然双重遗产）
16. 江西庐山风景名胜区 1996.12（文化景观）

17. 苏州古典园林 1997.12（文化遗产）
18. 山西平遥古城 1997.12（文化遗产）
19. 云南丽江古城 1997.12（文化遗产）
20. 北京天坛 1998.11（文化遗产）
21. 北京颐和园 1998.11（文化遗产）
22. 福建省武夷山 1999.12（文化与自然双重遗产）
23. 重庆大足石刻 1999.12（文化遗产）
24. 皖南古村落：西递、宏村 2000.11（文化遗产）
25. 明清皇家陵寝：明显陵（湖北钟祥）、清东陵（河北遵化）、清西陵（河北易县）2000.11、明孝陵（江苏南京）、明十三陵（北京昌平区）2003.7、盛京三陵（辽宁沈阳）2004.7（文化遗产）
26. 河南洛阳龙门石窟 2000.11（文化遗产）
27. 四川青城山和都江堰 2000.11（文化遗产）
28. 云冈石窟 2001.12（文化遗产）
29. 云南"三江并流"自然景观 2003.7（自然遗产）
30. 吉林高句丽王城、王陵及贵族墓葬 2004.7.1（文化遗产）
31. 澳门历史城区 2005（文化遗产）
32. 四川大熊猫栖息地 2006.7.12（自然遗产）
33. 中国安阳殷墟 2006.7.13（文化遗产）
34. 中国南方喀斯特 2007.6.27（自然遗产）
35. 开平碉楼与古村落 2007.6.28（文化遗产）
36. 福建土楼 2008.7.7（文化遗产）
37. 江西三清山 2008.7.8（自然遗产）
38. 山西五台山 2009.6.26（文化景观）
39. 嵩山"天地之中"古建筑群 2010.7.30（文化景观）
40. 中国丹霞 2010.8.1（自然遗产）
41. 杭州西湖 2011.6.25（文化景观）

第十二课　颐和园

找出本课中对你最有用的5个句子，并抄写在下面：

1. _____
2. _____
3. _____
4. _____
5. _____

词语总表
Vocabulary

	A		
爱好	àihào	名	10
安全	ānquán	形、名	10
安全带	ānquándài	名	10
按照※	ànzhào	介	9

	B		
白白※	báibái	副	3
白薯	báishǔ	名	3
白天	báitiān	名	1
包括	bāokuò	动	12
保存	bǎocún	动	12
报名	bào míng		9
碑刻	bēikè	名	6
奔跑	bēnpǎo	动	5
本来	běnlái	形、副	11
本人※	běnrén	代	9
笨蛋	bèndàn	名	2
鼻子	bízi	名	7
比如※	bǐrú		1
闭眼	bì yǎn		3
标牌	biāopái	名	10
玻璃	bōli	名	5
脖子	bózi	名	3

不过※	búguò	连	1
不仅※	bùjǐn	连	4
不论※	búlùn	连	10

	C		
踩	cǎi	动	4
菜单	càidān	名	8
餐馆	cānguǎn(r)	名	8
餐厅	cāntīng	名	1
差不多	chàbuduō	形、副	1
产生	chǎnshēng	动	10
车牌	chēpái	名	3
成功	chénggōng	形、动	2
成为	chéngwéi	动	1
惩罚	chéngfá	动	5
池塘	chítáng	名	6
宠物	chǒngwù	名	5
出版	chūbǎn	动、名	11
创作	chuàngzuò	动	11
从此※	cóngcǐ	连	11
从来※	cónglái	副	2
催促	cuīcù	动	8
错过	cuòguò	动	8

Vocabulary 词语总表

D

打扰	dǎrǎo	动	10
大师	dàshī	名	11
大约	dàyuē	副	5
待	dāi	动	8
担心	dān xīn		1
导游	dǎoyóu	名	7
倒计时	dàojìshí	动	3
的确※	díquè	副	11
登	dēng	动	2
地点	dìdiǎn	名	9
地球	dìqiú	名	2
地图	dìtú	名	1
递	dì	动	2
点菜	diǎn cài		8
电脑	diànnǎo	名	10
电子邮件	diànzǐ yóujiàn		7
钓鱼	diàoyú	动	10
动听	dòngtīng	形	11
动作	dòngzuò	名	6
独特	dútè	形	6
堵车	dǔ chē		3
短信	duǎnxìn	名	3
对比	duìbǐ	动、名	4
对待	duìdài	动	5
朵	duǒ	量	11

E

鹅	é	名	6
而※	ér	连	5
耳朵	ěrduo	名	4

F

发呆	fā dāi	动	3
烦恼	fánnǎo	形、名	3
反光镜	fǎnguāngjìng	名	3
返回	fǎnhuí	动	9
饭馆	fànguǎn (r)	名	1
范本	fànběn	名	6
方便面	fāngbiànmiàn	名	1
放心	fàng xīn		1
芬芳	fēnfāng	形	11
份	fèn	量	10
风格	fēnggé	名	6
服装	fúzhuāng	名	7
辅导	fǔdǎo	名、动	9
附件	fùjiàn	名	7

G

干燥	gānzào	形	1
赶紧	gǎnjǐn	副	8
告示	gàoshi	名	5
歌剧	gējù	名	11
根据※	gēnjù	介	9
公元	gōngyuán	名	12
构成	gòuchéng	动	12
古迹	gǔjì	名	1
怪不得※	guàibude	副	7
观察	guānchá	动、名	4
光临	guānglín	动	10
规模	guīmó	名	12
国王	guówáng	名	4

H

含	hán	动	9

143

好汉	hǎohàn	名	7	京剧	jīngjù	名	7
呵呵	hēhē	拟声	7	惊讶	jīngyà	形	8
后代	hòudài	名	6	境	jìng	名	6
护照	hùzhào	名	9	**K**			
滑冰	huábīng	动	10	看样子	kàn yàngzi		8
化装	huàzhuāng	动	7	烤肉串	kǎoròuchuàn(r)	名	3
划	huá	动	6	烤鸭	kǎoyā	名	7
环境	huánjìng	名	3	可惜	kěxī	形	2
皇家	huángjiā	名	12	肯定※	kěndìng	副	4
活动	huódòng	动、名	3	空调	kōngtiáo	名	7
火锅	huǒguō	名	7	困	kùn	形	1
或	huò	连	3	**L**			
获得	huòdé	动	11	蓝本	lánběn	名	12
J				缆车	lǎnchē	名	7
计算	jìsuàn	动	3	懒	lǎn	形	5
记得	jìde	动	8	狼	láng	名	4
记者	jìzhě	名	2	浪费	làngfèi	动	3
纪念	jìniàn	动、名	10	老虎	lǎohǔ	名	4
价格	jiàgé	名	9	历代	lìdài	名	6
煎饼	jiānbing	名	3	聊天儿	liáo tiānr		1
建筑	jiànzhù	动、名	12	列入	lièrù	动	12
将※	jiāng	副	9	邻居	línjū	名	8
将※	jiāng	介	11	临摹	línmó	动	6
交谈	jiāotán	动	8	领	lǐng	动	8
交通警察	jiāotōng jǐngchá	名	3	另	lìng	代	10
叫做※	jiàozuò	动	11	另外	lìngwài	形、副	8
接受	jiēshòu	动	5	流传	liúchuán	动	11
节约	jiéyuē	动	10	楼梯	lóutī	名	10
结构	jiégòu	名	6	路线	lùxiàn	名	9
进一步	jìnyíbù	副	4	驴	lǘ	名	4
禁止	jìnzhǐ	动	10	轮	lún	动	8

论文	lùnwén	名	7
M			
骂	mà	动	5
迈	mài	动	2
美好	měihǎo	形	10
迷路	mí lù		1
免费	miǎn fèi	动	9
面积	miànjī	名	12
面议	miànyì	动	9
民歌	míngē	名	11
名	míng	量	9
名录	mínglù	名	12
名胜	míngshèng	名	1
魔鬼	móguǐ	名	4
茉莉花	mòlìhuā	名	11
墨	mò	名	6
某人	mǒurén	代	4
N			
耐心	nàixīn	名、形	5
P			
旁人	pángrén	名	11
抛弃	pāoqì	动	5
陪伴	péibàn	动	5
批评	pīpíng	动、名	2
飘	piāo	动	11
平方米	píngfāngmǐ	量	12
平时	píngshí	名	3
破坏	pòhuài	动	12
Q			
千万※	qiānwàn	副	2
强	qiáng	形	7
勤奋	qínfèn	形	6
情形	qíngxing	名	8
请勿	qǐngwù		10
庆祝	qìngzhù	动	2
区	qū	名	12
却※	què	副	1
R			
让路	ràng lù	动	2
绕	rào	动	10
热闹	rènao	形	1
人类	rénlèi	名	2
人物	rénwù	名	4
忍	rěn	动	10
忍心	rěnxīn	动	5
日志	rìzhì	名	1
弱	ruò	形	5
S			
森林	sēnlín	名	10
傻瓜	shǎguā	名	2
上网	shàng wǎng		1
摄影	shèyǐng	动、名	10
甚至※	shènzhì	连	6
慎	shèn	形	9
生命	shēngmìng	名	5
失主	shīzhǔ	名	9
诗歌	shīgē	名	2
时差	shíchā	名	1
时刻	shíkè	名	5
时期	shíqī	名	4
拾	shí	动	9
食物	shíwù	名	5

是否※	shìfǒu	副	4
适应力	shìyìnglì	名	7
收音机	shōuyīnjī	名	3
手提包	shǒutíbāo	名	9
手指	shǒuzhǐ	名	3
首	shǒu	量	11
寿命	shòumìng	名	5
受不了	shòubuliǎo		3
书法	shūfǎ	名	6
书圣	shū shèng		6
梳	shū	动	8
舒适	shūshì	形	8
熟悉	shúxī	动、形	1
帅哥	shuàigē	名	3
说法	shuōfa	名	4
俗语	súyǔ	名	4
速	sù	形	9

T

T恤衫	tì-xùshān	名	7
台	tái	名	3
抬头	tái tóu		8
太空舱	tàikōng cāng		2
谈论	tánlùn	动	4
特意	tèyì	副	7
提供	tígōng	动	9
提示	tíshì	动	10
体育馆	tǐyùguǎn	名	9
替※	tì	动、介	7
同行者	tóngxíngzhě	名	2
同样	tóngyàng	形	4
痛苦	tòngkǔ	形	5

W

外套	wàitào	名	8
完整	wánzhěng	形	12
王冠	wángguān	名	4
网址	wǎngzhǐ	名	9
微笑	wēixiào	动、名	2
唯一	wéiyī	形	5
尾巴	wěiba	名	4
温馨	wēnxīn	形	8
闻名	wénmíng	动	2
物品	wùpǐn	名	9

X

吸烟	xīyān	动	10
鲜花	xiānhuā	名	11
现象	xiànxiàng	名	4
羡慕	xiànmù	动	8
相反	xiāngfǎn	形	2
相机	xiàngjī	名	10
享受	xiǎngshòu	动、名	7
想念	xiǎngniàn	动	7
想象	xiǎngxiàng	动、名	1
象征	xiàngzhēng	动、名	12
小时候	xiǎoshíhou	名	8
小说	xiǎoshuō	名	4
小摊	xiǎotān(r)	名	3
校园	xiàoyuán	名	1
笑话	xiàohua	名、动	11
笑容	xiàoróng	名	8
心脏	xīnzàng	名	5
欣赏	xīnshǎng	动	3
新鲜	xīnxiān	形	7

信任	xìnrèn	动	5
星球	xīngqiú	名	2
行程	xíngchéng	名	9
行宫	xínggōng	名	12
行书	xíngshū	名	6
行政	xíngzhèng	名	12
形成	xíngchéng	动	6
序	xù	名	6
寻	xún	动	9
寻找	xúnzhǎo	动	6

Y

严重	yánzhòng	形	3
演讲	yǎnjiǎng	动、名	2
演员	yǎnyuán	名	7
砚	yàn	名	6
阳光	yángguāng	名	5
邀请	yāoqǐng	动、名	8
咬	yǎo	动	5
一口气	yìkǒuqì（r）	副	7
一路平安	yí lù píng'ān		10
一向※	yíxiàng	副	7
遗产	yíchǎn	名	12
遗憾	yíhàn	形、名	2
遗失	yíshī	动	9
以……为……※	yǐ...wéi...		12
印象	yìnxiàng	名	1
影子	yǐngzi	名	4
优惠	yōuhuì	形	9
优美	yōuměi	形	11
由于※	yóuyú	介	8
游记	yóujì	名	11
游人	yóurén	名	7
游戏	yóuxì	名	3
有心	yǒuxīn	形	11
有意	yǒuyì	副	9
于※	yú	介	9
娱乐	yúlè	名	5
与	yǔ	介、连	8
欲	yù	副	9
遇见	yùjiàn	动	2
园林	yuánlín	名	12
原因	yuányīn	名	8
院子	yuànzi	名	6
约	yuē	副	12
约会	yuēhuì	名、动	8

Z

杂志	zázhì	名	3
在场	zàichǎng	动	5
在线	zàixiàn	动	9
曾经※	céngjīng	副	6
摘	zhāi	动	11
占※	zhàn	动	12
战火	zhànhuǒ	名	12
招待会	zhāodàihuì	名	2
照镜子	zhào jìngzi		3
者※	zhě	代	6
整个	zhěnggè	形	8
政治家	zhèngzhìjiā	名	4
之前※	zhīqián	名	5
之一	zhīyī	名	12
枝桠	zhīyā	名	11

147

植物园	zhíwùyuán	名	10
只要※	zhǐyào	连	5
中轴线	zhōngzhóuxiàn	名	12
终于※	zhōngyú	副	7
主题	zhǔtí	名	11
主体	zhǔtǐ	名	12
注意	zhùyì	动	4
著名	zhùmíng	形	11
自夸	zìkuā	动	7
总之※	zǒngzhī	连	7
作品	zuòpǐn	名	6
作诗	zuò shī		6
作为※	zuòwéi	介	2
做鬼脸	zuò guǐliǎn		3

专有名词　Proper nouns

A
阿姆斯特朗	Āmǔsītèlǎng	2

B
比利时	Bǐlìshí	4

C
曹操	Cáo Cāo	4
长廊	Chángláng	12

D
东晋	Dōng Jìn	6

F
佛香阁	Fóxiāng Gé	12

G
歌德	Gēdé	2
狗不理	Gǒubùlǐ	11

H
杭州	Hángzhōu	9
何仿	Hé Fǎng	11
黄山	Huáng Shān	9

J
吉尼斯世界纪录	Jínísī shìjiè jìlù	12
江苏	Jiāngsū	11

K
昆明湖	Kūnmíng Hú	12

L
兰亭	Lántíng	6
龙井茶	Lóngjǐngchá	11

M
毛泽东	Máo Zédōng	7
明代	Míng Dài	11

N
内蒙古	Nèiměnggǔ	9

O
奥尔德林	Ào'ěrdélín	2

P
普契尼	Pǔqìní	11

Q
乾隆	Qiánlóng	12
清代	Qīng Dài	12
清漪园	Qīngyī Yuán	12
丘吉尔	Qiūjí'ěr	2

S
三国	Sānguó	4
三国演义	Sānguó Yǎnyì	4

十七孔桥	Shíqīkǒngqiáo	12		**X**
司马台长城	Sīmǎtái Chángchéng	7	西安	Xī'ān	9
苏杭	Sū Háng	9	西湖	Xīhú	12
colspan="3"	**T**	colspan="3"	**Y**
图兰朵	Túlánduǒ	11	扬州	Yángzhōu	11
colspan="3"	**W**	颐和园	Yíhéyuán	12
万寿山	Wànshòu Shān	12		**Z**
王羲之	Wáng Xīzhī	6	浙江	Zhèjiāng	6
乌兹别克斯坦	Wūzībiékèsītǎn	4			